JN409750

연결어미와 연결어미 교육

신구한국어교육연구총서 02

연결어미와 연결어미 교육

손 경 애 지음

신구문화사

머리말

2009년 가을에 박사 과정을 시작하면서 틈틈이 주제를 정하고 자료를 수집하고 차근차근 준비하여 2015년 2월에 드디어 '한국어 연결어미의 교육 방안에 관한 연구'라는 논문으로 박사학위를 받았다.

이 책은 필자의 박사학위논문을 보완한 것이다. 이 책에서는 중국인 한국어 학습자들을 대상으로 한국어 연결어미를 효과적으로 교육하는 방안을 제시하고 있다.

교착어인 한국어에서 조사나 어미는 중요한 문법적인 기능을 한다. 특히 연결어미는 앞 문장과 뒤 문장을 논리적으로 알맞게 연결시켜 주는 기능을 함으로써 한국어의 문장을 확장하는 데 중요한 역할을 한다.

한국어의 연결어미 중에서 중국어의 접속어와 의미가 유사한 것도 간혹 있다. 그러나 연결어미는 의미만 맞게 쓰면 되는 것이 아니라 형태적, 통사적 특성까지 정확히 이해하고 맥락에 맞게 사용해야 하는 난해한 언어 요소이기 때문에 고립어인 중국어권 학습자들에게는 어려움이 배가 된다. 한국어 고급 과정의 학습자들임에도 불구하고 연결어미 사용을 회피하여 단문만을 사용한다거나, 표현하고자 하는 내용을 제대로 전달하지 못한다거나, 또는 담화 맥락이 어색하고 매끄럽지 못한 문제점이 종종 생긴다. 대학마다 중국인 유학생이 날로 증가하고 있는 현 시점에서, 이런 문제를 해결하는 데 조금이라도 보탬이 되었으면 하는 바람이다.

이 책에서는 우선 초급・중급・고급 중국어권 한국어 학습자가 쓴 작문 자료를 분석하여 학습자가 주로 어떤 연결어미를 사용하고, 어떤 오류를 범하며, 오류의 원인은 무엇이고 급별로 어떤 차이를 보이는지에 대해 면밀히 분석하였다.

그리고 외국인 학습자를 위한 교육용 연결어미 목록을 선정하기 위해 우선 한국의 초등학교 국어 읽기 교과서 12권에 쓰인 연결어미를 세밀히 분석하고 5개 대학 기관에서 출판한 외국인을 위한 한국어 교재도 초급부터 고급까지 분석하여 각 급에 따른 연결어미 목록을 정하였다. 이렇게 두 교과서를 분석한 최종 결과를 바탕으로 외국인 학습자를 위한 교육용 연결어미 목록을 선정하고자 하였다.

다음은 중급 작문에 쓰인 연결어미 오류 빈도와 연결어미에 대한 선행 연구를 의미별로 선별한 자료를 토대로 중급 목록 중에서 사용 빈도와 오류 빈도가 높은데 기존의 연구에서 많이 다루지 않은 연결어미 두 개를 선정하여 의미적 특성과 통사적 특성을 고찰하고, 실제 교수-학습안을 작성하여 제시하였다. 교수-학습안은 WTPPF 모형과 절충식 교수법(Eclectic Approach)을 적용하여 작성하였으며 이를 수업 현장에 적용하여 실험 연구를 하고 대응표본 T-검정(Pairwise T-test)과 공분산 분석(Analysis of covariance: ANCOVA) 등 두 가지 통계 기법을 통해 교수-학습안의 유효성을 검증하고자 하였다.

이렇게 한국어교육에 대한 작은 관심과 생각 하나가 논문이 되고 책이 되기까지는 참 많은 분의 도움이 있었다. 논문 집필 당시 필자는 호남대학교에 재직하고 있어서 지도교수님한테 논문을 지도받는 데 어려움이 많았다. 얼굴을 맞대고 지도해도 그 답답함은 이루 말할 수 없었을 텐데 당시 지도교수님께서는 박사학위논문을 제출할 때까지 이메일로 학위논문을 꼼꼼히 지도해 주셨다. 논문을 쓰는, 힘든 시간 동안 용기를 갖고 끝까지 달려올 수 있도록 힘과 용기를 북돋아 주신 이주행 선생님은 진정한 학자와 교육자의 모습을 가르쳐 주신 잊지 못할 분이시다. 머리 숙여 깊이 감사드린다. 그리고 부족한 논문을 발굴해 주시고 책으로 나올 수 있을 때까지 끊임없이 아낌없는 도움을 주신 한재영 선생님께도 진심으로 고마움을 전한다.

또한 긴긴 시간 동안 항상 묵묵히 내 곁을 지켜 주시고 물심양면으로 오로지 내 편이 되어 주신 사랑하는 부모님과 오빠께도 지금까지 부끄러워 전하지 못했던 말, 사랑한다는 그 말과 함께 고마운 마음을 전하고 싶다.

끝으로 본서의 출간을 기쁜 마음으로 허락해주신 총서 편집위원회의 여러 선생님과, 제대로 단행본의 모양새를 갖출 수 있도록 잘 다듬어 주신 신구문화사의 임미영 사장님 그리고 최승복 편집부장님을 비롯한 관계자 여러분께도 진심으로 고마움을 전한다.

2016년 11월

손경애 씀

차례

표 목차

그림 목차

1

서론

1.1. 연구 목적

이 책에서는 중국어권 한국어 학습자를 위한 한국어 연결어미(連結語尾)의 교육 방안 탐구의 일환으로 한국어의 연결어미 중에서 사용 빈도와 오류 빈도가 높은데 기존의 연구에서 많이 다루지 않은 연결어미들을 효과적으로 교육할 수 있는 방안을 고찰하여 제시하는 데 목적을 두고자 한다.

의사소통 능력을 위한 언어의 유창성을 중시하는 교육이 대두되고 있는 요즘, 문법을 외국어 습득에 있어 무용지물로 생각하는 경우가 종종 있다. 그런데 외국어의 유창한 의사소통 능력을 신장시키려면 그 외국어의 문법을 익혀야 한다. 교착어인 한국어에서 문법적인 기능을 하는 조사나 어미의 학습은 매우 중요하며, 그중에서도 연결어미는 앞 문장과 뒤 문장을 논리적으로 알맞게 연결시켜 주는 기능을 하기 때문에 한국어 학습에 있어서 매우 중요한 비중을 차지한다.

특히 연결어미가 없는 한어(漢語)[1]를 제일차 언어로 습득하여 사용하는 중국어권의 한국어 학습자에게는 한국어 연결어미를 용이하게 익혀 정확히 사용하기가 어렵다. 중국어 학습자가 모국어로 하는 중국어는 고립어인 반면, 목표 언어인 한국어는 조사나 어미가 특히 발달된 교착어이기 때문에 이런 서로 다른 문법 체계에서 어려움을 느끼는 것은 당연하다. 게다가 한국어의 연결어미는 그 수효도 많고 복잡한 의미적·통사적 특성을 지니고 있다. 예컨대, 하나의 연결어미가 여러 가지 의미적 기능을 수행하는 경우가 있는가 하면, 반대로 형태는 다르나 의미가 같은 경우도 있다. 후자인 경우 학습자가 더욱 어려움을 겪을 수가 있는데, 그것은 의미가 같아도 모든 문장이나 담화 속에서 구별 없이 대체 사용이 가능한 것이 아니기 때문이다. 또한 대체 사용이 가능할지라도 그 나라의 언어적

---

1) 한어(漢語)는 중국 한족이 쓰는 언어이며, 또한 중국의 공용어이기도 하다.

인 정서와 맞지 않을 경우 역시 부자연스러움을 초래할 수 있다.

한국어의 연결어미 중에서 중국어의 접속어와 의미가 유사한 것도 간혹 있다. 이것은 필요에 따라 중국어로 그 뜻에 대한 설명이 가능하므로 학습자의 이해를 돕는 데 수월할 수 있다. 그런데 중국어는 고립어로서 그 뜻은 비슷하나 한국어의 연결어미와는 달리 다른 형태와 다른 문법 범주로 실현되기 때문에 통사적인 측면에 있어서 학습에 어려움이 따르기 마련이다. 중국인이 한국어로 의사소통을 할 때에 한국어 연결어미의 형태적, 의미적, 통사적 특성 등을 정확히 이해하고 맥락에 알맞게 사용하는 것이 쉽지 않다. 그리하여 중국인 한국어 학습자 중에는 연결어미를 학습하였음에도 불구하고 한국어로 말할 때 연결어미를 잘못 사용하거나 연결어미를 회피하여 아예 사용하지 않는 경우가 많다. 이로 인해 학습자가 지나치게 짧은 단문만 사용하거나, 표현하고자 하는 내용을 제대로 전달하지 못하거나, 또는 담화 맥락이 어색하고 매끄럽지 못한 문제점이 종종 생긴다. 이처럼 중국어권 한국어 학습자가 연결어미를 어려워하는 것은 당연한 현상이며, 중요한 것은 이 어려운 내용을 교사가 어떻게 학습자에게 쉽고 정확하며 효과적으로 전달하고 가르치느냐의 문제인 것이다.

한국어교육 영역에서만 봐도 기존에 나와 있는 연결어미에 대한 연구가 적지 않다. 가장 많은 연구로는 개별적인 연결어미에 대한 연구인데, 그중에서도 인과 표현과 시간 표현, 그리고 조건 표현에 관련된 연구가 가장 많이 이루어졌다[2]. 이는 지금까지 사용 빈도와 오류 빈도가 높은 연결어미 중심으로 주로 연구가 이루어졌기 때문이다. 선행 연구들을 보면 이 세 가지 의미 관계를 나타내는 연결어미 외에도 사용 빈도와 오류 빈도가 높은데 지금까지 많이 연구되지 않는 연결어미들이 있다.

그리하여 이 책에서는 사용의 빈도와 오류의 빈도가 높음에도 불구하고 지금까지 많이 연구되지 않은 연결어미를 대상으로 그것들의 의미적·

2) 지금까지 연결어미 교육 관련 학위 논문들을 정리해 보면 인과 표현 연결어미에 대한 연구가 약 29편, 시간 표현(동시·순서·계기) 연결어미에 대한 연구가 약 16편, 조건 표현 연결어미에 대한 연구는 약 17편이 있다.

통사적 특성을 살펴보고, 이 연구자가 창안한 교수 모형에 절충식 교수법(折衷式 教授法; Eclectic Approach)[3]을 적용하여 작성한 교수-학습안에 따라 실험 집단을 교육한 후에 그 유효성을 통계적인 방법으로 검증하고자 한다.

1.2. 연구 대상과 방법

1.2.1. 연구 대상

이 책의 연구 대상은 중국어권 한국어 학습자의 한국어 연결어미의 교수-학습 방안이다.

이 책에서는 중국에서 일정한 교육을 받고, 한국어를 제2 언어로 학습하고 있는 한국의 H대학의 중국인 한국어 학습자 40명을 각각 실험 집단과 비교 집단으로 반씩 나누어 실험 연구를 하고자 한다. 실험 연구에 참여하는 학생 40명은 모두 중국 국적[4]에 연령은 20세에서 29세 사이이며, 한국어 실력은 3급이고 이들이 한국어를 공부한 기간은 6개월에서 2년 미만으로 실험 집단과 비교 집단의 수준이 비슷하다. 이들의 자세한 실태 조사 결과는 다음의 〈표 1〉, 〈표 2〉와 같다.

〈표 1〉 실험 집단의 실태 조사 결과

학생 No.	성별	연령	국적	TOPIK 등급	한국어 학습 기간
1	여	20대 미만	중국	3급	6개월 이상~1년 미만
2	남	20~29세	중국	3급	6개월 이상~1년 미만

3) '절충식 교수법'에 대해서는 2.2에서 구체적으로 살펴볼 것이다.

4) 여기서 중국 국적이라는 것은 중국의 한족을 의미하며 연구의 유효성 검증을 위해 조선족이나 기타 소수민족은 모두 제외한다.

3	여	20~29세	중국	3급	6개월 이상~1년 미만
4	여	20~29세	중국	3급	6개월 이상~1년 미만
5	남	20대 미만	중국	3급	3~6개월
6	남	20~29세	중국	3급	6개월 이상~1년 미만
7	여	20~29세	중국	3급	6개월 이상~1년 미만
8	남	20~29세	중국	3급	6개월 이상~1년 미만
9	남	20~29세	중국	3급	6개월 이상~1년 미만
10	여	20~29세	중국	3급	6개월 이상~1년 미만
11	여	20~29세	중국	3급	6개월 이상~1년 미만
12	여	20~29세	중국	3급	6개월 이상~1년 미만
13	여	20~29세	중국	3급	6개월 이상~1년 미만
14	여	20대 미만	중국	3급	6개월 이상~1년 미만
15	여	20~29세	중국	3급	6개월 이상~1년 미만
16	여	20~29세	중국	3급	6개월 이상~1년 미만
17	여	20~29세	중국	3급	6개월 이상~1년 미만
18	여	20대 미만	중국	3급	1년 이상~2년 미만
19	여	20~29세	중국	3급	1년 이상~2년 미만
20	여	20~29세	중국	3급	6개월 이상~1년 미만

〈표 2〉 비교 집단의 실태 조사 결과

학생 No.	성별	연령	국적	TOPIK 등급	한국어 학습 기간
1	여	20~29세	중국	3급	6개월 이상~1년 미만
2	여	20~29세	중국	3급	6개월 이상~1년 미만
3	여	20대 미만	중국	3급	6개월 이상~1년 미만
4	여	20~29세	중국	3급	3~6개월
5	남	20~29세	중국	3급	6개월 이상~1년 미만
6	여	20~29세	중국	3급	6개월 이상~1년 미만
7	남	20~29세	중국	3급	6개월 이상~1년 미만
8	여	20~29세	중국	3급	6개월 이상~1년 미만
9	여	20대 미만	중국	3급	6개월 이상~1년 미만

10	남	20~29세	중국	3급	3~6개월
11	여	20대 미만	중국	3급	6개월 이상~1년 미만
12	남	20대 미만	중국	3급	6개월 이상~1년 미만
13	남	20~29세	중국	3급	1년 이상~2년 미만
14	여	20~29세	중국	3급	6개월 이상~1년 미만
15	여	20~29세	중국	3급	6개월 이상~1년 미만
16	여	20~29세	중국	3급	6개월 이상~1년 미만
17	여	20~29세	중국	3급	6개월 이상~1년 미만
18	여	20~29세	중국	3급	6개월 이상~1년 미만
19	여	20~29세	중국	3급	6개월 이상~1년 미만
20	여	20~29세	중국	3급	6개월 이상~1년 미만

이 책에서는 선행절(先行節)과 후행절(後行節)을 논리적으로 이어 주는 어미만을 연결어미로 간주하고 다루고자 한다. 관용적인 표현이나 연결 준꼴, 단어 연결어미, 보조적 연결어미[5], 그리고 현재에 와서 거의 사용되지 않는 '-매, -을진대, -거온…' 등과 같은 옛말투 형태로 된 연결어미는 이 책의 연구 대상에서 제외시키기로 한다.

한국어의 연결어미는 그 종류가 다양하고 수효가 많아서 전체적으로 살피기에는 무리가 있다. 따라서 이 책에서는 한국어 연결어미 중에서 사용 빈도가 높은데 중급 중국인 학습자가 오류를 많이 범하고 지금까지 많이 연구되지 않은 연결어미인 '-아도/-어도/-여도/-라도'와 '-(으)ㄴ데/-는데'를 효과적으로 교육할 수 있는 방안을 고찰하려고 한다.

1.2.2. 연구 방법

이 책에서는 한국어의 연결어미를 분석함에 있어 문헌 연구와 실험 연구를 병행하고자 한다.

---

5) 이 책에서 서술하는 '관용적인 표현', '연결 준꼴', '단어 연결어미', '보조적 연결어미' 등 용어에 대해서는 제4장에서 구체적으로 설명하기로 한다.

이 책에서는 중국어권 한국어 학습자가 한국어의 연결어미를 사용할 때 범하는 오류 실태와 사용 양상을 분석하기 위해 초급, 중급, 고급 중국어권 한국어 학습자가 작성한 한국어 작문 텍스트를 분석하려고 한다.

현재 한국의 초등학교 1학년부터 6학년까지의 국어 읽기 교과서 총 12권에 쓰인 연결어미를 추출하여 면밀히 분석하고, 한국의 5개 대학기관에서 출판한 한국어 교재에 쓰인 연결어미 빈도를 분석하여 최종적으로 교육용 연결어미를 단계별로 목록화(目錄化)하여 제시하고자 한다. 그리고 외국인 학습자의 중급 작문에서 분석한 오류 빈도와 지금까지 각 연결어미에 대한 선행 연구를 살펴 지금까지 사용 빈도와 오류 빈도가 모두 높지만 많이 연구되지 않은 연결어미를 중심으로 그것들의 의미적 특성과 통사적 특성을 고찰하고자 한다.

이상 내용을 바탕으로 WTPPF[6] 교육 모형에 절충식 교수법을 적용하여 작성한 교수-학습안에 따라 실험 집단을 교육한 뒤에 그 유의성을 검증하고자 한다. 우선 실험 집단은 절충식 교수법을 적용하여 수업을 하고, 비교 집단은 설명 위주의 전통식 교수법(傳統式 敎授法)을 활용하여 수업을 한다. 수업하기 전 먼저 실험 집단과 비교 집단의 학습자를 대상으로 사전 평가(事前 評價)를 실시하고 수업 후에는 학습 효과를 검증하기 위해 사후 평가(事後 評價)를 실시한다. 그리고 최종적으로 얻은 평균 점수를 요인으로 대응표본 T-검정(Pairwise T-test)과 공분산 분석(Analysis of covariance: ANCOVA)을 하고자 한다. 이렇게 실험 연구를 통해 검증하고자 하는 가설(假設)은 다음과 같이 두 가지로 설정한다.

가설1: 실험 집단과 비교 집단에 대해 교육한 후 두 집단의 성적이 모두 유의하게 향상될 것이다.

가설2: 절충식 교수법을 활용한 실험 집단이 설명 위주의 전통교수법을 활용

---

6) WTPPF는 'Warm-up(도입) → Task(과제) → Presentation(설명) → Practice(연습) → Follow-up(정리)'의 첫 자를 따서 만든 것이다. 이에 관한 자세한 내용은 2.1에서 기술하기로 한다.

한 비교 집단보다 문법 지식이 향상될 것이다.

1.3. 선행 연구 검토

지금까지 한국어 연결어미에 대한 연구는 순수한국어학 분야와 응용한국어학 분야인 한국어 교육학 분야에서 모두 활발하게 이루어지고 있는데, 이 책에서는 주로 한국어 교육학 분야에서 고찰한 논저를 살펴보고자 한다. 기존의 한국어 교육학 분야에서 한국어 연결어미에 대해 고찰한 논저들은 대체로 다음과 같이 크게 세 가지 부분으로 나뉜다.

첫째, 한국어교육 기관의 한국어 교재를 분석하고, 작문 자료와 설문 자료와 인터뷰를 통해 학습자의 오류를 분석하며, 교육 모형이나 교수 방안을 제시한 것.
둘째, 대조언어학적인 관점에서 중국어 접속사와 한국어의 연결어미를 대조하여 연구한 것.
셋째, 교수-학습안의 효용성에 대해 실험 검증한 것.

아래는 위에서 제시한 이 세 가지 부류의 논저들에 대해 구체적으로 살펴보고자 한다.

이상의 첫째 부류에 속하는 연구로는 이윤진(2002), 이정란(2003), 이현주(2005), 류선영(2006), 송대헌(2008), 연봉월(2009), 이순정(2009), 임지숙(2009), 조무숙(2009), 최지희(2010), 한예진(2010) 등이 있다.

이윤진(2002)에서는 중국어권, 일본어권, 기타 언어권의 3급 학습자를 대상으로 기말시험에 쓴 작문지를 중심으로 연결어미의 오류 빈도를 조사하였다. 그리고 분석한 결과를 바탕으로 연결어미 사용 회피에 대한 교수 방안과 연결어미의 오류 현상에 대한 교육 방안을 이론적으로 고찰하고 있다.

이정란(2003)에서는 한국어 학습자가 '-아서'와 '-니까'를 구어로 표현할 때 나타나는 오류의 측면뿐만 아니라 정확한 발화까지 포함한 변이의 관점에서 고찰하였다는 데에 의의가 있다고 보고 있다. 또한 문법성 판단 테스트 및 인터뷰를 통해 일본어권, 중국어권, 영어권 학습자가 '-니까'와 '-어서'를 선택함에 있어서 어떤 원리가 적용되는지에 대해서 고찰하고 있다.

이현주(2005)에서는 5개 대학의 한국어교육 기관의 한국어 초급 교재에 쓰인 연결어미를 분석하여 목록, 제시 순서 및 방법 등에 대해 살펴보고 있다. 그리고 한국어 교사들 대상으로 연결어미 교육에 관한 설문조사를 실시하고, 초급 한국어 학습자를 대상으로 TOPIK시험에서 출제된 문항을 통해 연결어미의 학습 실태를 조사하고, 실험 연구를 통해 '-고'와 '-지만'에 대한 몇 가지 교육 방안을 제언하고 있다.

류선영(2006)에서는 중급 중국인 학습자의 자유 작문 자료를 대상으로 연결어미의 사용 실태와 오류의 양상을 고찰하고, 이를 바탕으로 연결어미 교육 단계를 '도입→제시→연습→사용→마무리' 등 5단계로 설정하고, 각 단계에 따라 연결어미 '-아서/-어서(계기)'에 관한 교육 모형을 제시하고 있다.

송대헌(2008)에서는 한국의 4개 대학의 한국어 교재에 쓰인 연결어미의 제시 목록, 제시 방법과 순서 등을 비교해 고찰하고 있다. 우선 한국어 학습자에게 설문 조사를 통하여 실제 사용 실태와 오류 양상을 살펴보았다. 다음 이를 기초로 사용 빈도와 오류 빈도가 제일 높은 연결어미 '-아서/-어서'를 중심으로 '도입→제시→연습→사용→마무리' 5단계 교수 모형을 제시하고 있다.

연봉월(2009)에서는 한국어 중급 이상의 학습자를 대상으로 작문 자료 분석과 설문지 조사를 통해 연결 어미 사용 양상과 오류 유형을 살피고, '도입→제시→연습→사용→마무리' 등 5단계 교육 모형에 따라 '-아서/-어서/-여서'에 대한 교수안을 제안하고 있다. 그런데 실험 연구 대상이

언어권별로 통제가 잘 이루어지지 않아 결과에 대한 신뢰도가 떨어진다.

이순정(2009)에서는 한국어 중급・고급 학습자를 위한 조건 관계 연결어미 '-면, -거든, -어야'를 화행상의 의미-기능 중심으로 교수할 것을 제안하고 있다. 이 연구에서는 조건의 의미 범주를 인과 관계 및 양보 관계와 비교하여 의미적인 차이가 있음을 밝히고 있다.

임지숙(2009)에서는 청주대학교 한국어교육센터에서 공부하고 있는 중국인 학습자의 작문 노트를 가지고 연결어미 '-아서/-어서/-여서'에 대한 오류를 분석하고 있다. 또한 대치 오류를 가장 많이 보이는 '-아서/-어서/-여서'와 '-고'의 오류를 줄이고자 PPP 모형으로 교육 모형을 설계하여 제시하고 있다.

조무숙(2009)에서는 한국어 교재에 제시된 연결어미의 구성과 종류, 사용 빈도와 오류 분석을 통해 듣기, 쓰기, 읽기, 말하기 등 네 영역에 따른 교육 방안과 네 영역을 통합한 통합 교육 방안을 제시하고 있다. 그런데 이 연구에서는 교육 방안의 효용성에 대한 실제적인 검증을 하지 않고 있다.

최지희(2010)에서는 연결어미의 특성을 효율적으로 제시하지 못하고 있다는 현행 한국어 교재의 문제점을 지적하였다. 그리고 이러한 문제점의 보완책을 찾기 위한 시도로 연결어미 '-러, -려고, -게, -도록, -고자' 등에 대해 고찰하고 있다. 이 연구에서는 5개 한국어교육 기관의 외국인을 대상으로 하는 한국어 교재를 분석하여 문제점과 개선점을 제시하고, 이를 토대로 '도입→말하기→듣기→읽기→쓰기'로 단원을 구성하여 '-려고'의 교재 모형을 제시하고 있다.

한예진(2010)에서는 한국어 교재에 쓰인 목적 연결어미 분석을 통해 교육용 목적 연결어미를 선정하고 배열하고, 초급에서 고급까지의 실제 교재 모형을 작성하여 제시하고 있다.

대조언어학적인 관점에서 중국어의 접속사와 한국어의 연결어미를 대조하여 연구한 것으로는 장상(2005), 翟瑋琪(2005), 하정문(2007), 蘇文

娟(2010), 徐惺(2012), 소홍(2013), 張雯靜(2013), 오열명(2014), 장한(2014) 등이 있다.

장상(2005)에서는 중국인 학습자가 많은 오류를 범하는 '시간'과 '인과' 관계를 나타내는 연결어미를 중심으로 오류 양상을 조사하여 분석하였다. 그리고 그 연결어미의 의미적·통사적 특성을 토대로 시간 관계 연결어미와 인과 관계 연결어미 사이에 나타나는 의미적 차이와 이들 연결어미와 대응하는 중국어 접속사와 대조하여 고찰하고 있다.

翟瑋琪(2005)에서는 중국어권 초급 한국어 학습자의 한국어 작문에 쓰인 오류 유형과 내용 및 원인에 대한 분석을 통해 어미 오류 중에서 연결어미의 사용 오류가 가장 많다고 지적하고 있다. 그리고 중국인 학습자 입장에서 오류를 분석한 후 이에 맞는 교육 방안을 제시하고 있다.

하정문(2007)에서는 한국어의 조건 연결어미와 중국어 조건관계 접속사를 대조하여 통사적 기능과 의미적 기능을 살펴보았으며, 한국어의 조건 관계 연결어미와 중국어의 조건 표현 관련사어의 차이점과 공통점을 밝혔다.

蘇文娟(2010)에서는 한국어의 연결어미 '-고'와 '-면서'를 중심으로 이에 대응하는 중국어의 접속사와 대조 연구를 하고 있다. 이 연구도 위의 논문과 마찬가지로 대조만 하고, 교육 방안을 제시하지 않고 있다.

徐惺(2012)에서는 중국어 학습자의 입장에서 한국어 연결어미에 대응되는 중국어 표현을 찾을 때 어려움을 많이 겪고 있는 조건표현, 인과표현, 목적표현, 양보표현 등 연결어미를 대상으로 그것들의 의미 기능적 특성과 해당 중국어 대응 형식을 구체적으로 비교 분석하고 있다.

소홍(2013)에서는 한국어의 인과표현 연결어미인 '-어서'와 '-니까'의 통사적 특성과 의미적·화용적 특성들을 밝히고 그 차이점을 고찰하였다. 또한 한국어와 중국어의 인과관계의 문장들을 대조하고 분석한 결과를 바탕으로 교육 방법을 제시하고 있다.

張雯靜(2013)에서는 나열 관계, 시간 관계(동시, 순서), 대조 관계,

원인 관계, 조건·가정 관계, 목적 관계, 양보 관계, 선택 관계, 수단 관계, 상황 제시 관계 등을 나타내는 한국어의 연결어미들을 중국어 관련사어와 대조 분석하였다. 그런데 단순히 한·중 대조 연구만 하고, 이것들의 교육 방안에 대해 고찰하지 않고 있다. 장한(2014)에서도 한국어의 시간 관계를 나타내는 연결어미들을 중국어의 관련사어와 대조 분석만 하고 이 어미들의 교육 방안을 제시하지 않고 있다.

오열명(2014)에서는 한국어의 양보 표현 연결어미 '-아도/-어도', '-더라도', '-(으)ㄹ지라도'의 통사적 특성과 의미적 특성을 분석하여 차이점을 밝히고 있다. 그리고 한국의 교양서적인 '아프니까 청춘이다'의 중국어 번역본인 '青春'에서는 한국어의 양보표현이 어떻게 변역되었는지를 대조하여 고찰하고 있다.

위에서 살펴본 바와 같이 한국어 연결어미의 사용 실태와 오류 현상을 다각도에서 분석하고 이에 맞는 교육 방안을 모색한 논문은 적지 않다. 그리고 한국어 연결어미의 교수-학습안의 효용성에 대해 검증까지 한 연구로는 尹敬愛(2007), 魏娜(2010), 임지아(2010), 김향숙(2012), 陳琳(2012), 왕묘페이(2013), 이윤(2014) 등이 있다.

尹敬愛(2007)에서는 한국어를 공부하는 중국 대학교의 고급 학습자를 대상으로 조건 관계 연결어미를 가르침에 있어, 대조 분석+문법 번역식 연습을 중심으로 교육하는 것이 효과가 있는 교육 방법이라고 한다. 이 연구에서는 '도입→제시→연습→사용→마무리' 5단계 교수-학습 단계 중에서 제시와 연습에 초점을 맞추어 고찰하고 있다.

魏娜(2010)에서는 중국 북경 BIS 대학교 국제교육학원의 한국어 초급 학습자 50명의 작문 자료를 통하여 학습자가 시간 관련 연결어미의 사용 실태와 오류 양상을 분석하고 있다. 다음 분석 결과를 토대로 '도입→설명→연습→응용→정리' 등 5단계로 구성된 교수-학습안을 작성하고 현장에서 효용성을 검증하였다. 그 결과 통제반이 실험 집단보다 학업성취도가 높다는 것을 입증하였다.

임지아(2010)에서는 중국어권 학습자의 연결어미 사용 실태와 오류 현황을 알아보기 위해 중국어권 학습자 59명을 대상으로 설문조사를 실시하고, 또한 한국어 초급, 중급, 고급 학습자의 작문 자료를 분석하였다. 다음 사전 주석의 형식 모형으로 선정된 학습용 연결어미 중에서 사용 빈도나 오류 확률이 비교적 높은 연결어미들을 설명하였다. 그리고 이를 토대로 학습자 중심 수업인 의사소통 교수와 문법 교수를 병행한 PPPT 모형[7]의 수업을 실시하였다. 그 효용성을 검증한 결과 실험 집단이 통제반의 정답률보다 11% 정도 높게 나타났다고 한다.

그런데 실험 대상인 초급, 중급, 고급 학습자가 모두 59명이며 두 문항에 대해서만 조사했다는 점, 그리고 작문 자료를 분석함에 있어 몇 명을 대상으로 분석했는지에 대한 설명이 없어서 실험 결과에 대한 신뢰성이 미흡하다. 또한 교수-학습의 효용성을 검증함에 있어서 정확한 통계 방법보다는, 최종 시험 성적과 개별 문항에 대한 분석으로 교수-학습의 효용성을 검증하였기 때문에 신뢰도와 타당도가 떨어진다. 이 연구에서 제시한 사전 주석 형식은 참신하지만 용어 자체가 전문적이어서 특히 한국어 초급 학습자가 이해하기에 한계가 있다.

김향숙(2012)에서는 기존 연구에서 나타난 여러 가지 한계, 예를 들면 작문만을 통한 연결어미 사용 양상 조사, 특정 학교 한 곳만을 조사 대상으로 삼는 문제점, 초급 단계 연결어미를 위주로 연구된 문제점, 한국 교육기관에서 쓰는 교재에 대한 연구가 대부분인 문제점, 교육 방안에 대한 효용성 검증이 결핍된 점 등을 지적하고 있다. 이러한 문제점들을 보완하기 위해 아직 한국어교육에서 연구가 많이 이루어지지 않은 의식상승 기법을 활용한 한국어 연결어미 교수-학습안을 제시하고, 그 효용성을 검증하였다.

---

7) 문법 교수에 적합한 PPP 모형과 의사소통 교수에 적합한 TTT 모형을 병행한 것이 PPPT 모형이다. 즉 PPPT 교육 모형은 '제시(Presentation) → 연습(Practice) → 생산(Production) → 과제(Task)'의 순서로 수업을 실시한다(임지아, 2010:16).

陳琳(2012)에서는 중급 중국어권 한국어 학습자에게 적합한 교육 방안을 탐구하기 위해 우선 조건 표현 연결어미의 의미적, 통사적, 형태적 특성 등에 대해 고찰하고, 이를 바탕으로 의사소통과 문법을 함께 중시하는 '의미 중심 형태 초점 교수법(FoF)'을 활용하여 '도입→전개→정리와 평가→발전' 등 4단계 교육 모형을 설계하고 교수-학습안을 만들어 실험 연구를 통해 검증하였다. 그 결과 '의미 중심 형태 교수법'은 한국어 학습을 용이하게 하고, 문법에 흥미를 갖게 하며, 의사소통 능력을 신장시키는 데 도움을 주는 교수법임을 입증하였다.

왕묘페이(2013)에서는 한국어 교재 분석을 통해 조건 표현을 나타내는 연결어미 '-(으)면, -거든, -어야, -다면, -더라면, -(으)려면, -(이)라면' 등 7개를 교육용 조건 연결어미로 선정하고, 이것들 중에서 '-(으)면, -거든, -다면'을 중심으로 교육 방안을 작성하고 실제 교육 모형의 효과를 검증하였다.

이윤(2014)에서는 초급 단계에서 학습하는 한국어 연결어미 중에서 '-(으)ㄴ데/-는데'를 중심으로 핵심 의미를 살펴보고, 중급 단계에서 '-던데'와 '-을 텐데'를 학습할 때 그 핵심 의미를 활용할 수 있는 나선형 교수-학습 방안을 제안하고 있다.

이상의 선행 연구들을 살펴보면 아래와 같은 문제점이 드러난다.

첫째, 연결어미에 대한 연구가 타 분야에 비해 활발하게 이루어지고 있는 셈이지만 박사논문은 많지 않다. 지금까지 한국어교육 측면에서 연결어미를 다룬 박사논문은 김수정(2004), 尹京愛(2007), 임지아(2010), 김향숙(2012) 등이다. 따라서 연결어미 교육적인 측면에서 더욱 체계적이고 심도 있는 연구가 필요하다.

둘째, 대다수 논문에서는 연결어미의 사용 빈도와 오류 빈도를 조사하여 그중에서 빈도수가 가장 높은 연결어미를 대상으로 연구를 하였는데, 그 결과는 대동소이하다. 나열 표현 연결어미 '-고'나 이유 표현 연결어미 '-아서/-어서/-여서', '-(으)니까', 조건 표현 연결어미 '-면' 등에 관한 연구가 가장 많다.

셋째, 한국어 교재 분석에 있어 모두 대학 기관에서 발행한 한국어 교재만을 중심으로 연결어미 사용 실태를 다루었다[8].

넷째, 연결어미의 교수-학습안을 제시한 연구는 많은데 그 교수-학습안의 타당성과 효과성에 대해 실제로 검증한 연구는 尹敬愛(2007), 魏娜(2010), 임지아(2010), 김향숙(2012), 陳琳(2012), 왕묘페이(2013), 이윤(2014) 등이 있다. 그런데 이것들 중에서도 통계적으로 교수-학습안의 유의성을 검증한 논문은 尹敬愛(2007)뿐이다.

끝으로 교수 모형 설계에 있어 대부분 논문은 김정숙(1997)에서 제시한 '도입→제시→연습→사용→마무리' 5단계로 교수-학습안을 작성하고, 기존 문법 교육에서 가장 많이 사용되어 온 PPP 모형을 교육에 활용하고 있다. 문법 수업은 학습자가 가장 어려워하고 쉽게 지루함을 느낄 수 있기에, 무엇보다도 재미있고 쉬우며 자연스럽게 다가갈 수 있는 교육 방안이 필요한 실정이다.

이 책에서는 중국어권 한국어 초급·중급·고급 학습자의 작문 자료를 모두 분석하여 연결어미의 사용 실태와 오류 양상을 파악하고자 한다. 그리고 현행 한국의 초등학교 1~6학년까지의 국어 읽기 교과서를 분석하여 교육용 연결어미를 목록화하려고 한다. 그리고 한국어 연결어미 교육에 효과적인 절충식 교수법을 제안하고, 이와 더불어 PPP 모형과 TTT[9] 모형을 절충한 TPP[10] 교육 모형을 바탕으로 WTPPF 모형을 창안하여, 그 효용성을 현장에서 검증하고자 한다.

---

8) 임지아(2010:8)에서는 "지금까지의 연결어미의 연구를 보면 국어 문법과 학교 문법의 체계를 고려하지 않고 '학습 현장의 문법'으로만 연결어미를 제시하고 있어서 각 한국어교육 기관에서 제시하고 있는 연결어미에 대한 문법적 기술이나 용어가 매우 다양하다. …따라서 단순히 현장의 문법으로서의 개별 연결어미 연구가 아닌 객관적이고 타당성 있는 연결어미의 전반적인 연구의 필요성이 제기된다."라고 지적하였다.

9) TTT는 'Task Teach Task'의 약자이다.

10) TPP는 'Task Presentation Practice'의 약자이다.

2

이론적 배경

중국인 한국어 학습자에게 연결어미를 효과적으로 가르치기 위해서는 이에 적합한 교육 모형과 교수법을 모색하는 것이 매우 중요하다. 따라서 이 책에서는 WTPPF 모형과 절충식 교수법(Eclectic Approach)에 따라 실험 연구를 하려고 한다. 다음은 WTPPF 모형과 절충식 교수법이 무엇이고 이를 통해 기대할 수 있는 교육적 효과는 무엇인지에 대해서 고찰하고자 한다.

2.1. WTPPF 모형

WTPPF 모형은 TTT 모형과 PPP 모형을 절충(折衷)한 TPP 모형을 바탕으로 창안한 새로운 교육 모형이다.

과거에는 문법을 설명(Presentation)하고 연습(Practice)하는 활동이 전형적인 언어 교실의 활동이었다. 그러나 외국어를 구사하는 것이 이렇게 형태적 정확성 위주의 연습으로는 도달될 수 없는 목표라는 인식이 확대되면서, 외국어를 유창하게 구사하기 위해서는 생성(Production)의 중요성이 대두되기 시작하였다. 바로 이것이 상향 접근 방식인 PPP (Presentation→Practice→Production) 모형이 생기게 된 배경이다.

PPP 모형은 교수요목이 문법 항목의 난이도를 중심으로 선정되거나 배열되고 개별 문법 항목 학습의 비중이 높은 한국어교육의 상황에서는 매우 적합한 모형이라고 할 수 있으나, 동시에 연역적(演繹的)이고 결과 지향적(指向的)이며, 교사 중심적인 한계에 의하여 학습자를 수동적이고 문법의 사용하는 주체가 아닌 문법을 이해하는 주체로 만들어 버리는 단점이 있다고 할 수 있다(이준호, 2010:174).

PPP 모형은 다음 〈표 3〉과 같다(Thornbury, S., 1999 :128).

〈표 3〉 PPP 모형

PRESENTATION		PRACTICE		PRODUCTION
▲교육할 문법에 대해 교사가 학습자에게 설명해 줌.	→	▲정확성을 중시함.	→	▲학습자가 학습한 문법을 활용하여 의사소통을 함. ▲유창성을 중시함.

기존의 논문 중에는 김정숙(1998)에서 제시한 '도입→제시→연습→사용→마무리' 등 5단계를 도입하여 교육 모형을 설계한 논문이 반 이상을 차지하고 있는데 이는 PPP 모형에 접근하였다고 볼 수 있다. Thornbury, S.(1999:128)에서 PPP 모형은 교사에게 교육 내용과 진도를 통제할 수 있도록 하여 경험이 적은 신규 교사들도 예측 불가능한 교실 생활을 극복하는 데 도움을 준다고 한다. PPP 모형은 외국어 문법 교육에 있어 가장 많이 활용되고 있는 모형이긴 하지만 이를 비판하는 학자도 있다. Angela-Lee Smith(2006)에서는 PPP 모형이 논리적이고 체계적으로 구성되었으되, 학습자 입장이 아닌 교사 입장에서 더욱 효과적이고 경제적으로 설계된 문법 교육 방안임을 지적하고, 교사 의존적일 뿐만 아니라, 주입식이며 통제된 것이라고 한다. 또한 학습자가 문법 항목들을 통합적으로 적절히 사용하지 못하고, 부자연스럽거나 지나치게 적용하거나 아예 사용하지 않는 단점이 있다고 한다(이준호, 2010:176). PPP 모형으로 수업을 하게 되면 학습자가 보다 정확하게 목표 문법을 습득하고 이해할 수는 있으나 어떠한 상황을 설정하여 그 상황에 맞는 표현을 하게끔 시키면 학습자가 당황하는 경우를 볼 수 있다. 이러한 상황을 고려하여 보면 의사소통 활동 중심 교육이 대두되고 있는 현시점에서 하향 접근 방식인 TTT 모형으로 교육 방안을 설계해 보는 것도 의미가 있다.

TTT 모형은 PPP 모형과 달리 정확성보다는 유창성에, 형태 학습보다는 언어 사용에 더 관심을 가진다. 그리고 TTT 모형은 의사소통이 중심이 되며, 의미를 전달하기 위해 언어의 사용을 유도한다는 점에서 이점을 찾을 수 있다. TTT 모형은 다음 〈표 4〉와 같다.

〈표 4〉 TTT 모형(Thornbury, S., 1999:129)

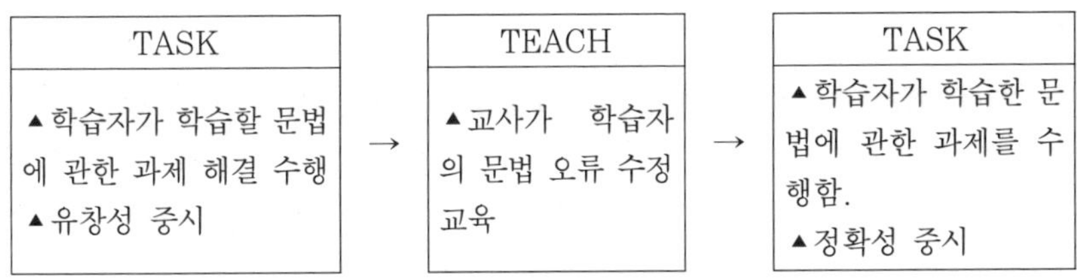

TTT 모형은 PPP 모형의 구조적 관점의 문법 교육, 교사 중심의 문법 교육의 한계에서 벗어나 문법과 기능이 통합될 수 있는 의사소통 중심적이고 학습자 중심적이라는 점에서 언어 교육의 효율성을 인정받고 있다. 또한 이준호(2010:175)에서는 TTT 모형은 더욱이 유의 문법 교육에 있어서 매우 적합하고 효과적이라며 이에 대한 5가지 장점[1]을 제시하고

---

1) '유의 문법 교육을 위한 TTT 모형의 5가지 長點'은 다음과 같다.

① 유의 문법을 효율적으로 학습하기 위해서는 무엇보다 의미에 집중할 수 있는 활동이 필요한데, PPP 모형에 비해 TTT 모형이 가지고 있는 최대의 장점이 바로 의미에 집중할 수 있다는 점이다.

② TTT 방식으로 여러 유의 문법과 기능을 통합시켜 준다면 학습자들은 자신에게 필요한 기능을 수행하기 위해 필요한 표현이 무엇인지를 여러 유의 문법 가운데서 선별할 수 있는 능력을 갖게 된다.

③ TTT 방식을 활용한다면 나선형식의 문법 항목 배열이 가능해지므로 문법 교육의 확장이 가능해지고 이것은 각 유의 문법의 의미를 변별하는 데에 일조할 수 있다.

④ TTT 방식으로 교육하게 되면 유의미한 맥락과 다양한 표현이 혼재하게 되므로 비판적으로 사고하여 맥락에 적합한 문법을 여러 유의 문법 중에서 찾아내야 하는 것이다. 이는 TTT 모형이 유의 문법에 대한 의식을 향상시키고 맥락에 적절한 문법 사용 능력을 향상시킬 수 있다는 점을 시사하고 있다.

⑤ TTT 모형은 과제를 해결하는 과정에서 문법 사용에 대한 요구가 발생하므로 학습자들의 문법 사용을 늘이고 그 정확성을 키워 나갈 수 있다.

있다. 그러나 TTT 모형은 기능 수행 면에서는 유리한데, 반복 연습이 부족해서 정확성 면에서는 PPP 모형보다 못하다는 지적도 있다.

PPP 모형이 교사 중심으로 정확성에 초점을 두고 하는 명시적, 연역적인 교수 방식이라고 하면 TTT 모형은 학습자 중심으로 유창성에 초점을 둔 암시적, 귀납적인 교수 형식이라 할 수 있다. 따라서 이 두 모형을 절충하는 방식을 취하면 학습 효과가 더욱 클 것이다. 성지연(2012:34)에서는 의미 중심 형태 초점 교수법을 수업에 적용할 때 항상 염두에 두어야 할 선택 기준이 언어 지식 교수 학습의 명시성과 암시성에 대한 문제라고 하면서도, 실제 수행하는 교수 활동은 명시적(明示的) 교수를 지향하더라도 암시적 교수의 특징을 부분적으로 가질 수 있는 것이며 그 반대의 경우도 가능하다고 한다. 그러므로 성지연(2012:34)에서는 의사소통 과정에서 발생한 문제에 대해서도 그때그때 이루어지는 암시적(暗示的)인 교수에서 교사가 메타언어적인 설명을 제시하는 것으로 대처할 수도 있다고 한다. 따라서 이 연구에서는 PPP 모형과 TTT 모형의 장점을 살리고 부족한 부분을 보완하기 위한 전략으로 이 두 모형을 절충한 TPP 모형을 바탕으로 '도입(Warm-up)→과제(Task)→설명(Presentation)→연습(Practice)→정리(Follow-up)'의 교육 모형 'WTPPF 모형'을 실험 연구에 활용하고자 한다. PPP 모형, TTT 모형, TPP 모형 등에는 학습 동기를 유발하는 활동을 하지 않기 때문에 학습자가 문법 학습에 적극적으로 임하지 않는다. 또한 교사가 학습자에게 학습 목표를 제시하지 않으면 학습자가 그 시간에 무엇을 위해 학습해야 되는지 인식하지 못한다. 끝으로 '정리'를 하지 않으면 학습한 내용을 오래도록 기억하여 실생활에 활용하지 못한다. 따라서 TPP 모형의 앞에는 '도입'을, 끝에는 '정리' 단계를 추가할 필요가 있다.

2.2. 절충식 교수법

절충식 교수법은 의미 중심 형태 초점 교수법(Focus on Form), 직접 교수법(The Direct Method), 역할 놀이법(Role Play), 시청각 교수법(Audio Vidual Education) 등 여러 교수법을 학습 과제에 따라 적절하게 활용하는 교수법이다.

2.2.1. 의미 중심 형태 초점 교수법

문법-번역식 교수법이 지적을 받기 시작하자 1980년대에 이르러서는 형태보다는 의미에, 정확성보다는 유창성에 초점을 두는 학생 중심 교수법인 의사소통 중심 교수법이 대두하게 되었다. 그런데 그 이후 오랜 기간 동안 유창성에 초점을 두고 학습해 온 제2 언어 학습자에게 정확성이 자동적으로 개발되는 것이 아니라는 사실이 연구를 통해 밝혀지고, 많은 몰입 교육 프로그램의 연구에서도 많은 입력과 의사소통적으로 계획된 교실 수업에서의 오랜 수업이 듣기와 읽기를 잘하게 해 주기는 하지만, 여전히 중급・고급에서는 자연스럽지 않은 부정확한 문장을 생산하게 한다는 연구 결과들이 나타나게 되었다(Byrd, 2005:551. 한송화, 2009:370재인용). 의미와 의사소통에만 중심을 두고 형태에 대한 초점을 배제한 채 언어의 정확성을 무시한다는 한계를 보이며 지적을 받게 되었다. 이로 말미암아 제2 언어의 학습자에게 의사소통의 정확성과 유창성을 신장시킬 수 있는 방법이 필요하게 되었다. 따라서 의사소통 중심 교수법의 단점을 보완(補完)할 수 있는 새로운 교수법인 의미 중심 형태 초점 교수법(Focus on Form)이 출현하게 되었다.

의미 중심 형태 초점 교수법은 Long(1988)에 의해 처음으로 제안되었다. 의미 중심 형태 교수법은 의미를 전달하는 의사소통 상황에 집중하면서 문법 규칙이나 형태에 대해서도 주목할 수 있는 교수 방법이다. 즉 이것은 의사소통 중심의 수업을 하는 과정에서 학습자로 하여금 텍스트의 의미를 이해하고 파악하는 데 어려움이 있는 문법 형태에 주목할 수 있도록 유도함으로써 유창성과 정확성을 모두 신장시키도록 하는 것이다. 연결어미는 추상적인 의미를 나타내는 것이기 때문에 외국인 한국어 학습자가 그것의 정확한 용법을 익히기가 매우 어려운 것이다. '의미 중심 형태 초점 교수법'은 학습자가 흥미를 가지고 자연스럽게 문법을 학습하게 하는 데 유효한 교수법이다. 이상에서 살펴본 '의미 중심 형태 초점 교수법'의 특징을 요약하여 적으면 다음과 같다(민찬규, 2002:75).

1) 교수-학습 중심은 언어 형태/구조, 의미, 화용에 있다.
2) 교수-학습 목표는 학습자의 정확성과 유창성을 신장시키는 데 있다.
3) 교수-학습 활동은 유창성 중심의 의사소통 활동, 정확성 중심의 조작된 언어 자료의 제시와 즉각적 피드백 활동 등이 있다.
4) 교사는 학습을 촉진하고 학습 자료를 제작하여 제공하며, 피드백을 하는 역할을 한다.
5) 학습자는 학습 활동에 적극적으로 참여하는 역할을 한다.
6) 학습 사항을 귀납적으로 익힌다.

이와 같이 과거에 시도했던 여러 교수법 중에서도 의미 중심 형태 초점 교수법은 과거의 교수법들의 단점을 보완하여 언어의 유창성과 정확성을 신장시킬 수 있는 문법 교수법이다. 그리하여 그동안 한국어교육학계에서도 이 교수법을 적용하여 외국어로서의 한국어 문법 교육 방안에 관한 실험 연구가 많이 이루어졌다.

2.2.2. 직접 교수법

19세기 중엽 이후 유럽인들 사이에 의사소통의 기회가 점차 증대되면서 경직된 규칙만을 강조하는 비의사소통적(非意思疏通的)인 문법-번역식 방법을 통해서는 직접적인 구두 의사소통 능력의 배양이라는 새로운 욕구를 충족시킬 수 없었다. 이러한 배경에서 직접 교수법은 언어 교수의 개혁자들이 언어의 본질과 언어 학습의 본질에 대한 이론적인 원리에 자극을 받아 생겨나게 되었다(허용 외, 2014:339).

직접 교수법(The Direct Method)은 Berlitz, West, Jespersen, Palmer 등의 학자들에 의해 20세기 초에 제기된 교수법이다. 이 교수법은 어린이의 언어 습득 과정을 전적으로 모방하여 만든 것이므로, 번역이나 학습자의 모국어는 완전히 배제한 상태에서 목표어만을 이용하여 가르치는 것이다. 이처럼 번역과 모국어의 사용을 철저히 금지하고 있는 직접 교수법에서는 새로운 문법 및 어휘를 제시하기 위해 목표어만을 사용할 것을 요구하기 때문에 몸짓이나 실물 또는 도식이나 그림과 같은 교구를 사용하게 된다. 그러면 학습자는 교사의 행동이나 실물을 보고 머릿속으로 그 의미를 연상하게 되며 그렇게 떠오른 연상 의미와 목표어로 제시된 문법이나 어휘는 불가분의 관계를 맺는 것이다. 직접 교수법의 특징은 다음과 같다(남성우 외, 2009:97~98).

1) 모국어를 배우는 방법과 같은 방법으로 외국어를 배운다.
2) 교사와 학생이 모국어를 일절 사용하지 않는다.
3) 듣기, 말하기 지도에서 읽기, 쓰기 지도로 옮겨간다.
4) 발음 지도를 중요시한다.
5) 외국어의 단어나 구는 실물이나 동작과 결부시켜 가르친다.
6) 모든 설명은 모국어를 사용하지 않고 반드시 목표어로만 설명한다.
7) 구문은 자기가 연습했던 것으로부터 추리하여 귀납적으로 자기 위주의 원리를 터득해야 한다.
8) 문법 학습은 일상 회화에서 많이 사용되는 것만 다룬다. 예외적인 것, 문어적인 것은 쓰지 않는다.
9) 어휘나 구문에 익숙해지면 일상생활 상황에 넣어 연습하고, 그 다음 외국어를 쓰고 있는 국가의 생활 그림이나 사진, 필름 등을 중심으로 대화하게 한다.
10) 읽기 내용은 구두로 대화했던 내용을 중심으로 한다.
11) 교사는 새 단어, 새 장면을 구두로 설명한다. 소리내어 읽고, 뜻의 이해는

모국어로 번역하지 않고 문장의 전후 관계에서 추리한다.
12) 뜻을 이해했는지 확인하기 위해 목표어로 질문한다.
13) 쓰기 지도는 처음 교과서 그대로 베껴 쓰게 하고 다음은 읽은 내용과 쓴 내용에 대해서 간단한 설명문을 쓴다.

이런 직접 교수법의 가장 큰 장점은 교사가 학습자의 모국어를 몰라도 누구나 가르칠 수 있다는 것이다. 그런데 지나치게 학습자의 모국어 사용을 억제함으로써 학습자가 좌절감을 느끼기 십상이며 학습 내용의 미묘한 차이에 대해 이해했는지 그 여부를 확인하기가 어렵다는 단점이 있다. 따라서 직접 교수법 또한 문법-번역식 교수법처럼 필요한 과제에서 적절하게 절충하여 사용하는 것이 더욱 효과적이다. 이 연구의 도입 부분과 첫 번째 불완전 과제 수행 단계인 Task 단계에서 활용할 수 있다.

2.2.3. 시청각 교수법

시청각 교수법(Audio Visual Education)은 1950년대 프랑스의 Guberina와 Rivenc가 주축이 되어 CREDIF[2)]에서 개발한 외국어 교수 방법으로 성인 초보자를 위한 프랑스어 과정인 *Voix et Visages de la France*와 어린이를 위한 프랑스어 과정인 *Bonjour Line, Voix et Visages de la France*의 발전된 형태인 De vive voix에서 사용하였다. 이후 이 방법은 미국(Renard & Heinle, 1969)과 영국(Gross & Mason, 1965), 캐나다 등에서 언어 교육에 적용이 되었다. 초기의 시청각 교수법에서는 청화식 교수법과 같은 엄격한 훈련을 강조하였으나 최근에 이르러 CREDIF에 의해서 좀 더 융통성 있는 방법이 제시되었다(이승민, 1998:18).

시청각 교육(Audio Visual Education)이란 실물, 그림, 사진, 모형,

2) Centre de Recherche et d'Etude pou la Diffusion du Français(프랑스어 보급 연구 기관)

도해, 녹음기, 레코드, 환등기, 시범, 연극, 영화, 견학, 도표, 괘도, 필름, 라디오, TV, 컴퓨터 등 교육의 수단으로서의 시청각적 기기와, 목적과 내용으로서의 교재를 이용하여 사람의 여러 가지 감각기관에 호소하는 시청각적 커뮤니케이션을 통하여 능률적인 학습 효과를 거두고자 하는 교육방법이다(김문길 · 김기왕, 1999:202).

김문길 · 김기왕(1999:202, 203)에서 제시한 E. Dale의 여러 가지 실험과 연구 결과를 통한 시청각 교수법의 효용성을 정리하면 다음과 같다.

1) 시청각 자료는 개념적 사고를 위한 구체적 기반을 제공하며, 따라서 학생들을 무의미한 언어적 반응으로부터 해방시켜 준다.
2) 학생들의 흥미를 높인다.
3) 학습 내용을 보다 오래 간직하게 한다.
4) 경험의 현실성을 제공하며, 학생의 자발적인 활동을 조장한다.
5) 사고의 연속성을 개발한다.
6) 의미의 확장에 공헌하며 따라서 어휘력을 증진시킨다.
7) 다른 자료로부터 얻기 어려운 경험을 제공하며, 학습의 효율성, 깊이, 다양성에 공헌한다.

그런데 위와 같은 효과를 얻기 위해서는 시청각 교육의 4R[3]의 원칙을 지켜야 하는데 구체적인 내용은 다음과 같다(김진환, 1966:48).

1) 바른 자료를 사용해야 한다.
시청각 교육방법이 잘못되면 구경거리가 되기 싶다. 그것은 교사 자신의 생각이 시청각 구경거리로 생각하기 때문이다. 바른 자료는 선택부터가 중요하다.
2) 바른 장소에서 사용해야 한다.
시청각 교육은 그 자료에 따라 필요한 여건을 갖춘 장소가 필요하다. 기재의 효능과 종별에 따라 적당한 장소의 선택이 무엇보다 중요하다.

---

3) 4R은 '바른 자세, 바른 장소, 바른 시간, 바른 방법'을 뜻한다.

3) 바른 시간에 사용해야 한다.
바른 시간이란 두 가지로 생각할 수 있는데 하나는 시청각 교재를 쓰는 바른 때를 뜻하며, 다른 하나는 시청각 교재를 사용하는 시간의 적당한 분량을 말한다. 바른 시간의 사용은 시청각 교육 내용을 더욱 효과적으로 이끌어 준다.
4) 바른 방법으로 사용해야 한다.
자료가 아무리 좋아도 교육의 방법이 나쁘면 효과적인 교육이 될 수가 없다. 바른 방법이란 첫 번째는 교수 목적에 부합되는 방법을 말하며, 두 번째는 익숙한 기술적인 내용을 포함하는 것이다.

특히 문법 수업은 지루한 분위기 속에서 진행되기가 쉬운데 위에서 제시한 4R 원칙에 따라 시청각 교수법을 잘 활용하면 학습 내용을 더욱 풍부하게 할 뿐만 아니라 수업 분위기도 향상시킬 수 있다.

2.2.4. 역할 놀이법

역할극(Role Play)이란 교사가 학습자에게 상황을 구체적으로 설명해 주고 학습자가 각각의 역할을 맡아 극으로 연기하게 하는 교수-학습 활동이다.

역할 놀이는 예전부터 실연(practice)이나 연습(rehearse)의 개념이었고 금세기에 들어 사례 연구 교수 방법 개발로 인해 강조되어 왔다. 처음엔 심리학자인 Moreno가 환자들을 치료하기 위한 방법으로 심리극의 형태로 사용해 왔고, 1933년 독일군 심리학자인 Simoneit는 신병을 모집할 때, 1940, 50년대 미국 비밀요원 선발과 2차 대전 동안 지도자, 산업훈련을 목적으로 역할 놀이를 사용해 왔다(김승은, 2008:8). 이처럼 훈련으로 사용되었던 역할 놀이가 21세기에 들어서서는 교육의 개념으로 여러 학자에 의해 재정립되고 있다.

언어 교육에서 역할 놀이가 도입된 것은 Shaftel에 의해서이다(Dubin & Olshtain, 1986:136).

1970년대에 접어들어 역할 놀이는 제2 언어 지도를 교육할 때 매우 유용한 방법으로 인식되기 시작했다(Dubin & Olshtain, 1986. 윤정희, 2001:4 재인용).

문화적 이질감에서 오는 어려움을 극복하기 위해 역할 놀이를 사용하기를 주장하는 Donahue와 Parsons(1982:34-36)에서는 역할 놀이의 이점(利點)으로 다음과 같이 다섯 가지를 들고 있다(윤정희, 2001:9~10).

1) 역할 놀이는 언어적인 규칙(문법, 발음 등)과 대화 규칙(문형 연습)을 둘 다 가르치기 위한 장면을 제공한다.
2) 역할 놀이는 다른 문화의 이해와 지각을 높이기 위하여 학생들이 활동할 상황을 제공한다.
3) 역할 놀이는 자신의 반응과 다른 사람들의 반응간의 차이점과 유사점을 알 수 있게 한다. 이러한 연습은 동질감을 갖는 상황에서 실수를 통해 배울 수 있는 기회를 제공해 준다.
4) 역할 놀이는 또한 새로운 방법으로 문제를 해결하는 수단을 제공한다.
5) 역할 놀이의 문제 해결적인 성격은 학생들로 하여금 그들이 이질적인 문화 속에서 고립되어 있다는 생각을 하지 않게 한다.

이렇게 역할 놀이는 자연스럽게 학습자의 학습 동기를 유발시키고 서로 협동하는 과정에서 편하게 언어지식을 활용할 수 있기에 더욱 실생활적인 의사소통 능력을 키우고 장기 기억에 도움을 줄 수 있다. 따라서 이 책에서 실험 연구를 할 때 역할 놀이법을 사용하고자 한다.

앞에서 고찰한 바와 같이 이 책에서는 교육 방안을 탐구함에 있어 학습 과제에 따라 의미 중심 형태 초점 교수법, 직접 교수법, 시청각 교수법, 역할 놀이법 등을 적절하게 활용한 절충식 교수법의 효용성을 검증하려고 한다.

3

한국어 학습자의 연결어미 오류 분석

중국어권 한국어 학습자에게 맞는 효과적인 교수-학습안을 마련하기 위해서는 우선 학습자가 실제로 연결어미를 어떻게 사용하고 주로 어떤 오류를 범하는지를 정확히 알아야 한다. 따라서 이 장에서는 초급·중급·고급 중국어권 한국어 학습자가 쓴 작문(作文) 자료를 분석하여 학습자가 주로 어떤 연결어미를 사용하고 어떤 오류를 범하며 급별로 어떤 차이를 보이는지에 대해 면밀히 분석하고자 한다. 이에 앞서 작문 자료를 분석할 때 오류를 판정함에 있어 객관적으로 적용할 수 있는 오류 분석의 기준이 필요하기에 다음은 먼저 오류 분석 기준을 작성해 보려고 한다.

3.1. 오류 분석 기준

교착어인 한국어와는 달리 중국어는 고립어라서 문법적으로 큰 차이를 보인다. 그래서 중국인 한국어 학습자는 초급 단계부터 출현하는 한국어의 조사와 어미에 대해 많은 어려움을 느낀다. 어미 중에서도 연결어미는 의미와 형태적 통사적 환경을 두루 살펴서 써야 하며 그 종류도 다양해서 더욱 많은 오류를 범한다. 중국인 한국어 학습자의 이런 어려움을 해소하기 위해서는 우선 학습자가 주로 어떤 연결어미들을 사용하며 이런 연결어미를 사용함에 있어 또 어떤 오류들을 범하는지를 정확히 진단해야 한다. 그러기 위해서는 연결어미의 오류를 분석할 수 있는 구체적인 오류 유형 분석 기준이 필요하다. 따라서 이 책에서는 유혜령(2005:77)에서 제시한 '오류 유형 분석의 틀'[1])을 참고하여 이 연구에 적합한 '작문에 나

---

1) 유혜령(2005:77)에서 제시한 '오류 유형 분석의 틀'은 아래와 같다.
ㄱ. **형태적 오류**: 철자 및 어문 규정에 관련된 오류

타난 오류 유형 분석 기준'을 새롭게 만들고, 이를 토대로 초급부터 고급까지의 작문에 나타난 오류 유형을 구체적으로 분석하고자 한다.

〈표 5〉 작문에 나타난 오류 유형의 분석 기준

오류 유형	정의	유형의 분류	유형의 구체적 항목
형태적 오류	철자 및 어문 규정에 관련된 오류	① 맞춤법이 틀린 경우	연결어미 기본 형태를 모르는 데서 오는 오류
			받침유무에 따른 활용 오류
			불규칙 활용에 따른 오류
			모음조화 법칙에 따른 오류
		② 띄어쓰기가 틀린 경우	
통사적 오류	문장 구성과 통사 구조의 문제와 관련된 오류	① 통사적 제약을 어긴 경우	주어 일치 제약
			선행절 서술어 제약
			시제 선어말어미 제약
			후행절 서법 제약
			부정부사와의 결합 제약
		② 연결어미 남용 오류	동일한 연결어미의 반복사용으로 인한 문장 오류
			연결어미가 불필요한 곳에 사용된 경우

① 맞춤법이 틀린 경우
② 띄어쓰기가 틀린 경우
ㄴ. **통사적 오류**: 문장 구성과 통사 구조의 문제와 관련된 오류
① 연결어미가 가진 통사적 제약을 어겨서 비문이 된 경우
② 동일한 연결어미의 반복으로 전체 문장이 부적절해진 경우
③ 연결어미가 불필요한 곳에 사용한 경우
④ 연결어미가 사용되어야 할 곳에 다른 어말어미를 사용한 경우
ㄷ. **의미적 오류**: 선·후행절의 의미관계에 부적절한 연결어미의 사용과 관련된 오류
① 다르거나 유사한 연결어미로 대치된 경우

		③ 연결어미 누락 오류	연결어미가 사용되어야 할 곳에 누락되고 다른 문법표현을 사용한 경우
			연결어미가 사용되어야 할 곳에 누락되고 아무것도 쓰이지 않은 경우
의미적 오류	선·후행절의 의미관계에 부적절한 연결어미의 사용과 관련된 오류	① 대치 오류	의미가 다른 연결어미로 대체 사용하여 부적절한 문장이 된 경우
			의미가 유사한 연결어미로 대체 사용하여 부적절한 문장이 된 경우

이 책에서는 위에 제시한 오류 유형 분석의 기준을 적용하여 C대학의 중국어권 한국어 초급·중급·고급 학습자의 작문 자료 각각 50부씩 총 150부를 분석하여 연결어미의 오류 양상과 더불어 사용 빈도도 함께 구체적으로 살펴보고자 한다.

3.2. 작문 분석

3.2.1. 초급 작문 분석

중국인 한국어 학습자는 주로 모국어에 없는 조사나 어미를 접하면서 많은 오류를 생산해 낸다. 더욱이 어미 중에서도 연결어미는 그 사용 환경이 복잡해서 초급 단계 학습자의 오류의 주된 문제가 연결어미에 집중되어 있다고 봐도 과언이 아니다. 여기에서는 C대학 TOPIK 1~2급에 속하는 한국어 초급 학습자가 쓴 작문 50편을 분석하여 그들의 연결어미 사용 양상과 오류 실태를 파악해 보고자 한다. 우선 한국어 초급 연구 대상자의 수, 작문 편수, 연결어미를 사용한 문장 수 등은 다음의 〈표 6〉과 같다.

〈표 6〉 한국어 초급 연구 대상자의 정보

등급		학습자 수	작문 편수	연결어미 사용한 문장 수
초급 (C대학)	1급	25명	25편	13
	2급	25명	25편	83
합계		50명	50편	96

이상의 〈표 6〉에서 제시한 바와 같이 초급은 1급에 해당하는 학습자가 쓴 작문 25편과 2급에 해당하는 학습자가 쓴 작문 25편으로 총 50편의 작문을 분석하였다. 1급 학습자가 쓴 작문에서 연결어미를 사용한 문장은 총 13개였고, 2급 학습자는 총 83개 문장에서 연결어미를 사용했다. 1급은 연결어미 학습량이 적기에 학습자는 연결어미 사용을 회피하며 단문으로 문장을 표현하려는 경향을 보였다. 이들의 작문에 쓰인 연결어미들과 그것들의 사용 빈도는 다음의 〈표 7〉과 같다.

〈표 7〉 한국어 초급 학습자의 작문에 쓰인 연결어미의 사용 빈도

순위	연결어미	의미	사용 빈도		비율(%)
1	-아서/-어서/-여서	순서	14	34	32%
		이유	20		
2	-고	나열	19	29	27%
		순서	9		
		수단·방법	1		
3	-면	조건	22		21%
4	-지만	대립	9		8%
5	-거나	선택	5		5%

6	-러	목적	3	3%
	-려고	의도	3	3%
7	-ㄴ데/-은데/-는데	대조	1	1%
합계	8개	-	106	100%

이상의 〈표 7〉에서 보다시피 한국어 초급 학습자는 총 8개 연결어미를 사용했으며 그중에서도 '-아서/-어서/-여서', '-고', '-면' 등 세 연결어미가 전체의 약 79%나 차지하는 높은 사용 빈도를 보이고 있어 기타 5가지 연결어미의 사용 빈도와는 현저한 차이를 보이고 있음을 알 수 있다. 그리고 '-아서/-어서/-여서'와 '-고' 같은 경우 여러 의미 기능을 갖고 있는데 초급 같은 경우는 '-아서/-어서/-여서'를 주로 '이유'의 의미로, '-고'는 '나열'의 의미로 많이 사용하고 있는 것으로 나타났다. 전반적으로 볼 때 초급에서는 연결어미의 사용 빈도가 상대적으로 낮음을 알 수 있으며, 보통 자주 쓰는 어느 한 연결어미에만 치우쳐서 단일하게 사용하는 경향을 엿볼 수 있다. 그 이유는 대체로 다음과 같다. 우선 초급 단계에서는 학습자가 어휘량의 부족으로 인해 긴 문장을 구사하는 데에 어려움을 갖고 있기에 두 문장 이상을 연결하여 사용하는 경우가 드문 것이다. 즉 초급 단계에서는 복문보다는 단문에 더욱 익숙해 있다는 것이다. 그리고 두 문장을 연결할 경우에도 연결어미보다는 접속부사를 더 많이 사용하는 것으로 나타났다. 예를 들면 '-고'를 사용할 수 있는 문장에서 '-고' 대신 '그리고'라는 접속부사를 사용하는 것이다.

다음은 한국어 초급 학습자가 작문에서 연결어미를 사용할 때 어떤 오류를 범하는지에 대해서 형태적, 통사적, 의미적 오류로 나누어 고찰해 보고자 한다. 다음 〈표 8〉에서 보듯이 한국어 초급 학습자는 형태적 오류, 통사적 오류, 의미적 오류들 중에서 형태적 오류를 가장 많이 범한 것으로 나타났다.

〈표 8〉 초급 작문에 쓰인 연결어미의 오류 양상

오류 양상 / 오류 유형	오류 빈도	오류율(%)
형태적 오류	10	41.67
통사적 오류	8	33.33
의미적 오류	6	25.00

1) 형태적 오류

한국어 초급 학습자는 연결어미 형태 자체에 대해 생소한데다가 형태 활용까지 정확히 해야 하기 때문에 형태적 오류가 가장 높은 오류 빈도를 보인 것으로 추정된다.

(1) ㄱ. 저는 중앙대에 있으지만 이천씨는 다은 학교에 있습니다[2]. 〈초급-27〉[3]
ㄴ. 이 친구가 장말 친한서 좋아요. 〈초급-34〉
ㄷ. 예전에 수영선수 있어서 수영 진짜 찰아는군요. 〈초급-35〉
ㄹ. 한국말을 배워려고 도서관에 갔어요. 〈초급_48〉

위의 예문들은 모두 학습자가 형태적 특성에 대한 인지 부족으로 일으킨 오류라고 볼 수 있다. 예문 (1ㄱ)에서 학습자는 자음충돌 현상을 회피하기 위해 '있-' 어간과 '-지만'이라는 연결어미 사이에 조음소인 '-으'를 사용한 것으로 보이나 '-지만'은 특수한 경우이기에 어간의 받침 유무와 상관없이 모두 '-지만'을 직접 붙여서 사용한다. 즉 '-으지만'의 형태는 존재하지 않는 것이므로 이 예문은 형태적 오류를 범한 것이다. 또한 예문 (1ㄴ)은 '하다'와 연결어미 '-아서'가 결합한 형태인데 이럴 경우는 용언의 어간과는 관계없이 무조건 '해서'로 바뀐다. 마지막 예문인 (1ㄷ)은 학습

2) 맞춤법과 띄어쓰기가 틀린 내용을 수정하지 않고 원문과 똑같이 표기하였음.
3) 〈초급-10〉에서 '10'은 한국어 초급 학습자 중에 열 번째 작성자를 뜻한다.

자가 표현하고 싶은 내용이 '예전에 수영선수라서 수영 진짜 잘 하는군요.'로 짐작이 된다. 그런데 '이다'와 이유를 나타내는 연결어미 '-아서/-어서/-여서'와 결합할 때는 형태에 변화가 생겨 '-라서'를 사용해야 하는데 학습자는 이런 정보를 잘 몰라서 '수영선수이어서'를 발음 그대로 '수영선수있어서'로 적어서 생긴 오류로 추정된다. 예문 (1ㄹ)을 보면 '배우-'라는 어간에 '-어'가 결합되는 경우에는 모음 축약에 의해 '배워'로 형태변화가 있는데, '-려고'가 결합할 때는 형태변화 없이 직접 결합하기만 하면 된다. 이상 오류는 한국어 초급 학습자가 이런 형태적 특성을 체계적으로 이해하지 못하여 범한 것이다.

2) 통사적 오류

연결어미는 의미뿐만 아니라 통사적인 환경까지 모두 고려해서 써야 하는데 연결어미마다 사용 환경이 다르고 복잡해서 통사적인 오류를 많이 범하게 된다.

① 통사적 제약을 어겨서 비문법적인 문장이 된 경우

(2) ㄱ. *저는 랑랑씨과 만나면(-면) 기쁜이도 좋아졌어요. 〈초급-38〉
ㄴ. **제다*는 고등학교 입학하려고 *우리*는 만났습니다. 〈초급-29〉
ㄷ. *우리는 항상 만나서(-아서) 같이 홍대에 갑시다. 〈초급-31〉

예문 (2ㄱ)에서 선행절의 내용은 일반조건문이기에 이런 경우 후행절에서 과거 시제 선어말어미를 사용하면 비문법적인 문장이 된다. 따라서 이 문장은 '저는 랑랑 씨와 만나면 기분이 좋아져요.'로 수정하는 것이 옳다. 그리고 예문 (2ㄴ)은 주어 일치 제약을 어겼기에 비문법적인 문장이 된 오류이다. 의도를 나타내는 '-려고'는 선행절과 후행절의 주어가 일치해야 문장이 성립된다. 예문 (2ㄷ)은 후행절의 서법 제약을 어긴 비문법적인 문장인데, '-아서/-어서/-여서'가 쓰인 문장에서 후행절은 명령문이나 청유문이 될 수 없다.

② 연결어미 누락 오류

▶ 연결어미가 사용되어야 할 곳에 아무것도 쓰이지 않은 경우

(3) ㄱ. *그 친구는 저의 친구중에서 제일 친한 친구(　　) 저는 제일 좋아하는 친구예요. 〈초급-43〉
ㄴ. *다음 주에 김수염씨와 같이 명동으로 쇼핑(　) 해요. 〈초급-44〉

예문 (3ㄱ)에서 선행절과 후행절은 동시 관계를 나타내는 문장이기에 동시 관계를 나타내는 연결어미인 '-고' 또는 '-자'를 써서 '친구이고' 또는 '친구이자'와 같이 써야 하는데 단어와 연결어미 모두를 사용하지 않아서 문장의 의미전달에 문제를 초래하였다. 또한 예문 (3ㄴ)은 목적 관계를 나타내는 문장이기에 목적 관계를 나타내는 연결어미인 '-러'를 사용해서 '쇼핑하러 갈거예요.'로 써야 하는데, 마땅히 써야 할 단어와 연결어미를 제대로 사용하지 않았기에 문장이 어색하게 된 것이다.

▶ 연결어미가 사용되어야 할 곳에 다른 문법 표현을 사용한 경우

(4) ㄱ. *시간이 있으면 우리 자주 같이 사진을 찍는 것이 갑니다. 〈초급-28〉
ㄱ′. 시간이 있으면 우리 자주 같이 사진을 찍으러 갑니다.

예문 (4ㄱ)에서 '사진을 찍다'와 '가다'는 목적 관계를 나타내는 연결어미 '-(으)러'에 의해 이루어져야 하는 문장인데 이 예문에서는 연결어미를 회피하여 다른 문법표현으로 대체하고 있기에 비문법적인 오류를 범한 것이다. 따라서 연결어미 '-(으)러'를 사용해서 예문 (4ㄱ′)처럼 수정하여야 한다.

3) 의미적 오류

연결어미는 선행절과 후행절을 이어 주는 역할을 하기 때문에 연결어미의 의미를 잘못 알고 사용하면 전체 문장의 의미 전달에 영향을 주게 된다. 한국어 초급 학습자는 연결어미의 의미 파악에 있어 많은 어려움을 느끼고 있다는 것을 아래 예문들을 통해 알 수 있다.

(5) ㄱ. *제 생학에는 그때 친구를 다 같이 만나는데 오리 기분이 좋겠습니다. 〈초급-39〉
ㄴ. *이번 주말에 시간은 있으면 솔로와 같이 영화를 보려 국장에 가는 좋겠어요. 〈초급-49〉

이상의 예문 (5ㄱ)에서는 '배경'을 나타내는 연결어미 '-는데'보다는 '가정'이나 '조건'을 나타내는 연결어미 '-면'을 사용하여야 문법에 맞는 문장이 된다. 그리고 예문 (5ㄴ)에서도 선행절과 후행절이 목적 관계를 맺고 있다. 그러므로 의도 관계를 나타내는 연결어미 '-려'가 아니라 목적 관계를 나타내는 연결어미 '-러'를 사용하여 '보러'라고 표현하여야 한다.

3.2.2. 중급 작문 분석

한국어 중급 학습자는 초급 학습자에 비해 단문(單文)보다는 이어진 문장을 많이 사용하기 때문에 연결어미도 다양하게 사용하는 편이다. 이 책에서는 C대학 TOPIK 3~4급에 속하는 한국어 중급 학습자가 쓴 작문 50편을 분석하여 그들의 연결어미 사용 실태와 오류 양상을 파악해 보고자 한다. 우선 한국어 중급 연구 대상자의 수, 작문 편수, 연결어미를 사용한 문장 수 등은 다음 〈표 9〉와 같다.

〈표 9〉 한국어 중급 연구 대상자의 정보

<table>
<tr><th colspan="2">등급</th><th>학습자 수</th><th>작문 편수</th><th>연결어미 사용한 문장 수</th></tr>
<tr><td rowspan="2">중급
(C대학)</td><td>3급</td><td>25명</td><td>25편</td><td>198</td></tr>
<tr><td>4급</td><td>25명</td><td>25편</td><td>167</td></tr>
<tr><td colspan="2">합계</td><td>50명</td><td>50편</td><td>365</td></tr>
</table>

〈표 9〉에서 제시한 바와 같이 중급은 3급 학습자가 쓴 작문 25편과 4급 학습자가 쓴 작문 25편으로 모두 50편의 작문을 분석하였다. 3급 학습자가 쓴 작문에서 연결어미를 사용한 문장은 총 198개였고, 4급 학습자는 총 167개의 문장에서 연결어미를 사용했다. 이는 〈표 7〉에서 살펴본 한국어 초급 학습자의 작문에서 사용한 연결어미 문장 수보다 훨씬 많다는 것을 엿볼 수 있다. 중급으로 가면서 학습자는 단문보다는 복문으로 문장을 표현하기에 초급보다는 연결어미를 많이 사용하는 것이다. 이들의 작문에 쓰인 연결어미들과 그것들의 의미, 사용 빈도, 비율 등을 정리해서 적으면 다음 〈표 10〉과 같다.

〈표 10〉 한국어 중급 학습자의 작문에 쓰인 연결어미의 사용 빈도

<table>
<tr><th>순위</th><th>연결어미</th><th>의미</th><th colspan="2">사용 빈도</th><th>비율(%)</th></tr>
<tr><td rowspan="4">1</td><td rowspan="4">-고</td><td>나열</td><td>103</td><td rowspan="4">144</td><td rowspan="4">33%</td></tr>
<tr><td>순서</td><td>26</td></tr>
<tr><td>수단・방법</td><td>14</td></tr>
<tr><td>이유</td><td>1</td></tr>
<tr><td>2</td><td>-면</td><td>조건</td><td colspan="2">106</td><td>23%</td></tr>
<tr><td rowspan="2">3</td><td rowspan="2">-아서/-어서/-여서
(-라서)</td><td>순서</td><td>14</td><td rowspan="2">98</td><td rowspan="2">22%</td></tr>
<tr><td>이유</td><td>84</td></tr>
<tr><td rowspan="2">4</td><td>-니/-니까</td><td>원인</td><td colspan="2">23</td><td>5%</td></tr>
<tr><td>-지만</td><td>대립</td><td colspan="2">23</td><td>5%</td></tr>
<tr><td rowspan="2">5</td><td rowspan="2">-ㄴ데/-은데/-는데
(도)</td><td>대립</td><td>4</td><td rowspan="2">17</td><td rowspan="2">4%</td></tr>
<tr><td>배경</td><td>13</td></tr>
</table>

6	-면서(도)	동시	10	2.2%
7	-아도/-어도/-여도/-라도	양보	8	1.8%
8	-다면	가정	6	1.3%
9	-러	목적	5	1.0%
10	-다가	중단·전환	4	0.9%
	-자마자	연발	4	0.9%
11	-더라도	양보	2	0.4%
12	-느니	이유	1	0.2%
	-라면	가정	1	0.2%
	-려면	조건	1	0.2%
	-며	동시	1	0.2%
	-므로	근거	1	0.2%
합계	18개	-	455	100%

〈표 7〉과 〈표 10〉에서 보듯이 한국어 초급 학습자는 총 8개 연결어미를 사용하였는데, 한국어 중급 학습자는 무려 18개 연결어미를 사용했다. 이를 통해 연결어미 활용도가 초급보다는 중급이 훨씬 높고 다양한 편이라는 것을 알 수 있다. 그리고 빈도 순위를 보면 '-고', '-면', '-아서/-어서/-여서' 순으로 가장 높게 나타났으며 사용된 전체 연결어미의 약 77%를 사용하고 있어 초급에서 조사된 결과와 큰 차이가 없다. 그리고 '-아서/-어서/-여서'와 '-고'는 문맥에 따라 여러 의미 기능을 갖고 있는데 한국어 중급 학습자는 '-고'는 '나열, 순서, 수단·방법, 이유' 등 네 가지 의미 기능을, '-아서/-어서/-여서'는 '이유, 순서' 등 두 가지 의미 기능만을 사용한 것으로 나타났다. 그중에서도 '-고'는 '나열', '-아서/-어서/-여서'는 '이유'의 의미로 주로 쓰였는데 이 결과도 초급과 크게 다를 바 없다.

이어서 한국어 중급 학습자가 작문에서 연결어미를 사용할 때 주로 어떤 오류를 범하는지에 대해 자세히 살펴보려고 한다. 아래 〈표 11〉에서 보다시피 한국어 중급 학습자는 초급 학습자와 마찬가지로 형태적 오류가

46.60%로 가장 높은 오류율을 보였고, 다음으로는 의미적 오류와 통사적 오류 순으로 많은 오류를 보였는데 이 두 가지 오류는 초급과는 정반대로 나타난 셈이다.

〈표 11〉 중급 작문에 쓰인 연결어미의 오류 양상

오류 양상 / 오류 유형	오류 빈도(회)	오류율(%)
형태적 오류	41	46.60
통사적 오류	18	20.45
의미적 오류	29	32.95

1) 형태적 오류

한국어 중급 학습자도 한국어 초급 학습자와 같이 형태적 오류를 가장 많이 범한다. 그러한 예를 들어 보면 다음의 (6)과 같다.

(6) ㄱ. 그리고 식사면서 한옥을 감상할 수 있다. 〈중급-15〉
　ㄴ. 한국 와면 면동에 갈 만하다. 〈중급-19〉
　ㄷ. 저녁 싱싱한 해산물을 먹면서 술을 먹었어 기분이 정말 좋다. 〈중급-21〉
　ㄹ. 날씨가 조금 더워는데 해운대에서 뭐든지 할 수 있다. 〈중급-21〉
　ㅁ. 부모님을 없어서 혼자 외국에서 살으면 주변 유혹을 많아서 아이들이 나쁜 일을 배우는 것 쉽다. 〈중급-48〉

위에 제시한 예문 또한 모두 형태적 오류를 범한 예문이다. 예문 (6ㄱ) 같은 경우는 명사에 연결어미가 직접 결합하여 발생한 오류이다. 그리고 연결어미 '-면'은 용언 어간과 직접 결합하여 사용되는데 예문 (6ㄴ)에서는 동사 '오다'의 어간 '오-'에 어미 '-아'와 결합한 형태인 '와'에 어미 '-면'을 붙였기 때문에 오류를 범한 것이다. 그리고 (6ㄷ)에서 '-(으)면서'는

받침의 유무에 따라 결합 형태가 달라지는데 이런 규칙을 몰라서 동사 '먹다'의 어간 '먹-' 어간에 받침이 있음에 불구하고 '먹으면서'가 아닌 '먹면서'로 사용했기에 틀린 예이다. 또 '먹었어'는 '먹어서'로 적어야 한다. 예문 (6ㄹ)의 '더워는데'는 '더운데'로, (6ㅁ)의 '살으면'은 '살면'으로 써야 한다.

(7) ㄱ. 외국사람를이 한국어를 못 <u>하도</u> 괜찮다. 〈중급-12〉
　　ㄴ. 한국말 잘 못 <u>하서</u> 친구와 같이 가다. 〈중급-20〉

위의 예문 (7ㄱ)에 쓰인 '하도'는 '하다'의 어간 '하-'에 연결어미 '-아도'가 결합된 것인데, 이것은 '하여도' 혹은 '해도'로 적어야 문법에 맞는 형태가 된다. (7ㄴ)에 쓰인 '하서'는 '하다'의 어간 '하-'에 연결어미 '-아서'가 결합된 것인데, 이것은 '하여서' 혹은 '해서'로 적어야 문법에 맞는 형태가 된다. '하다'는 '여' 불규칙용언이기 때문에 어간 '-하-'에 어미 '-여'가 결합되는 것이다. 학습자는 이와 같은 선행 지식이 없거나 또는 잘 몰라서 오류를 범할 수 있으므로 이런 특수한 형태 변화에 대해서는 교사가 각별히 신경 써서 강조함으로써 학습자의 기억을 도울 필요가 있다.

이상에서 살펴본 바와 같이 한국어 중급 학습자임에도 불구하고 위와 같은 형태적 오류를 많이 범하기 때문에 연결어미의 의미 파악도 중요하지만 이런 형태적 특성을 정확하게 사용할 수 있도록 지도하는 것도 교사로서 각별히 신경 써야 할 부분이다.

2) 통사적 오류

한국어 중급 학습자는 시제 제약을 어기거나 동일한 연결어미를 오용하여 통사적 오류를 범한다.

① 시제 제약을 어겨서 생긴 오류

(8) ㄱ. *지하철을 탔고 여의도에 도착했어요. 〈중급-4〉
ㄴ. *날씨가 춥으면서도 기분이 좋습니다. 〈중급-4〉

예문 (8ㄱ)에서 '-고'는 '수단·방법'의 의미로 쓰였기에 이런 경우 과거시제와 결합할 수 없는 제약을 받는다. 그리고 예문 (8ㄴ)에서 '-면서'는 동시의 의미를 나타내기에 주어 일치 제약이 있다. 그러나 (8ㄴ)에서는 선행절과 후행절의 주어가 서로 다르게 쓰였기에 오류를 범한 것이다. 이 경우 '-면서도' 보다는 양보관계 연결어미인 '-어도'나 '-ㄹ지라도'로 바꿔 쓰는 것이 좋다.

(9) ㄱ. *나는 명동에 너무 좋아서 부모님 한국어 왔으면 부모님 같이 명동에 꼭 같이 가야 돼요. 〈중급-7〉
ㄴ. *151번 버스를 타면 30분쯘 명동에 도착했다. 〈중급-19〉
ㄷ. *이렇게 매일 매일 계속 하면 아이들은 마음속에 많은 스트레스를 받아야겠다. 〈중급-38〉

예문 (9ㄱ)에서 부모님은 아직 한국에 오신 게 아니고 단순 가정이기에 '오-' 어간에 가정의 의미를 나타내는 연결어미 '-면'을 결합함에 있어 과거시제를 사용하면 오류가 발생할 수밖에 없다. 그리고 예문 (9ㄴ)도 마찬가지로 선행절이 '가정'의 의미를 나타내기 때문에 후행절이 과거시제를 표현할 수 없다. 또 선행절이 가정 관계를 나타낼 경우 후행절의 서술어에 '추측'의 의미를 나타내는 미래시제 선어말어미인 '-겠-'은 사용할 수 있지만 '의지'를 나타내는 '-겠-'은 사용할 수 없다. 따라서 예문 (9ㄷ)도 오류를 범한 일례가 된다.

② 연결어미 오용 오류

한국어 중급 학습자의 작문에서 동일한 연결어미를 오용하여 오류를 범한 경우를 찾아볼 수 있다.

(10) ㄱ. 우리 학교에서 명동까지 좀 멀어서 수업이 끊아서 우리 일찍 출발했다. 〈중급-16〉
ㄴ. 흑석동에 있는 9호선 지하철을 타서 동작역에 내려서 4호선으로 갈아타서 명동역에 내리면 된다. 〈중급-17〉

예문 (10ㄱ)은 이유를 나타내는 연결어미 '-어서'와 순서를 나타내는 연결어미 '-아서'를 한 문장 속에서 이어서 반복 사용을 하였기에 문장의 어색함을 초래하였다. 이왕이면 순서를 나타내는 연결어미는 '-아서' 대신에 '-아서'와 같은 의미를 나타내는 '-고서'나 계기를 나타내는 연결어미 '-자마자'를 사용하면 자연스러운 문장이 된다. 예문 (10ㄴ)도 마찬가지로 수단·방법과 순서를 나타내는 연결어미들을 다양하게 번갈아 가며 사용할 수 있었음에도 불구하고 네 문장을 연결하는 데 있어 '-아서/-어서/-여서'를 세 번이나 연속적으로 반복 사용하여 한 문장을 구성하였기 때문에 어색한 문장이 되었다. 따라서 이런 '-아서/-어서/-여서'나 '-고'처럼 의미 기능의 폭이 넓고 공통된 의미 기능을 갖고 있는 연결어미를 사용할 때는 번갈아 가면서 사용하도록 유도하는 것이 좋다.

3) 의미적 오류

한국어 중급 학습자는 초급 학습자보다 연결어미를 다양하게 많이 사용하는데, 연결어미의 의미 파악이 어려운 탓에 정확하게 사용하지 못하는 경향을 보인다. 특히 비슷한 의미를 나타내는 연결어미를 구별 없이 대체 사용하여 어색한 문장이나 비문법적인 문장을 초래하는 경우가 가장 많다. 그중에서도 '원인'과 '이유'의 의미를 나타내는 '-아서/-어서/-여서'와 '-(으)니까'의 혼동으로 인한 오류를 가장 많이 범한다. 그 예를 보면 다음의 (11)과 같다.

(11) ㄱ. *밤으니 카메라를 안 가지고 갔어요. 〈중급-4〉 (밤이라서)
ㄴ. *내가 스케이트를 탈 줄 아니까 정말 신나게 놀았다. 〈중급-8〉 (알아서)
ㄷ. *날씨가 좋으니까 언니 같이 여의도 공원에 산책하고 음식도 많이 먹었어요. 〈중급-9〉 (좋아서)
ㄹ. *밤에 명동의 길가에 공연은 있으니까 우리는 행인과 같이 노래를 불렀다. 〈중급-16〉 (있어서)
ㅁ. *아이에게 너무 안 좋아서 외국 갈까 안 갈까 생각하면 좋겠다. 〈중급-47〉 (좋기에/좋으니까)

예문 (11ㄱ)의 내용을 보면 밤에는 사진이 잘 안 찍히기에 밤에 카메라를 안 갖고 나가는 것은 당연한 사실이다. 따라서 객관적인 원인을 나타내는 '-아서/-어서/-여서'가 적합한데, 지정사인 '이다'와 결합할 경우는 '-라서'를 사용하기에 '밤이라서'로 수정하는 것이 옳다. 예문 (11ㄴ)은 원인을 나타내기 위해 '-(으)니까'를 사용했는데 문장이 자연스럽지 못하다. 그것은 나뿐만 아니라 다른 누구라도 스케이트를 탈 줄 안다면 신나게 놀 수 있는 것은 일반적인 사실이기에 객관적인 원인 관계를 나타내는 연결어미 '-아서/-어서/-여서'를 사용하는 것이 적절하다. 예문 (11ㄷ)에서도 마찬가지로 날씨가 좋을 때 공원에 가서 산책하는 것은 일반적인 상식이기 때문에 객관적인 원인 관계를 나타내는 연결어미 '-아서/-어서/-여서'를 쓰는 것이 주관적인 표현을 나타내는 연결어미 '-(으)니까'를 사용하는 것보다 훨씬 자연스러울 수 있다. 예문 (11ㄹ)에서도 보다시피 행인과 함께 노래를 부르게 된 단순한 원인을 설명함에 있어 굳이 강한 느낌을 나타내는 '(으)니까'를 써서 청자에게 부담을 줄 필요는 없다. 또한 선행절과 후행절의 사실을 청자가 모를 경우에는 '-아서/-어서/-여서'를 쓰는 것이 적절하다. 예문 (11ㅁ)은 의미적 오류와 통사적 오류를 동시에 범한 일례이다. 외국에 가는 것이 아이에게 너무 안 좋은 일이라면 당연히 안 가는 것이 상식이기에 이럴 경우에는 객관성을 나타내는 '-아서/-어서/-여서'를 사용하는 것이 마땅하다. 그런데 336번 같은 경우는 외국에 가는 일이 아이에게 너무 안 좋은 일이기에 갈 것인지 말 것인지를 주관적인 판단에 맡기는 청유문이기에 이와 같은 경우는 '-(으)니까'를 사용하는 것이 적합하다. 이렇게 '-아서/-어서/-여서'와 '-(으)니까'는 모두 원인과 이유의 의미를 나타내기는 하나 사용 환경이 복잡하고 각기 다른 제약을 받기에 자칫 잘못 사용하면 위에서 살펴본 예문처럼 어색한 문장이나 비문법적인 문장을 생산해 낼 수 있다.

한국어 중급 학습자 중에서 '-(으)면'과 '-(으)려면', '-(으)러'와 '-(으)려면'을 혼동하여 오류를 범하는 경우가 많다.

(12) ㄱ. *인사동에 <u>가면</u> 지하철로 타면 되고 ……. 〈중급-2〉 (가려면)
ㄴ. *부산에 <u>가면</u> 일반 기차는 타는데 시간이 많이 걸렀어 KTX를 타면 좋겠다. 〈중급-20〉 (가려면)
ㄷ. *친구이나 가족들에게 선물을 <u>서러</u> 거기에 가는 게 좋겠다. 〈중급-13〉 (사려면)
ㄹ. *아이가 어릴 때부터 외국유학을 <u>가러</u> 자기의 나라를 떠나면 자기나라의 문화를 느낄 수 없다. 〈중급-45〉 (가려고)

예문 (12ㄱ)을 보면 선행절인 '인사동에 간다'는 것은 이미 간 사실을 이야기 하는 것이 아니라 '만약에 간다면' 또는 '만약에 가려면' 등 가정과 의도의 의미를 모두 담고 있다. 따라서 이 문장에서는 단순 조건을 나타내는 연결어미 '-면'을 한 문장에서 두 번 반복하여 쓰는 것보다는 '-다면'이나 '-려면'으로 바꿔 쓰는 것이 훨씬 문맥이 잘 통한다. 예문 (12ㄴ)도 위와 마찬가지로 동일한 오류를 범한 것으로 간주할 수 있다. 예문 (12ㄷ)과 (12ㄹ)은 의도와 조건을 동시에 나타내는 연결어미 '-려면'을 사용해야 하는 대신에 목적을 나타내는 연결어미 '-러'로 대체 사용하여 범한 오류이다. 문장 (12ㄷ)에서 선행절인 '친구나 가족들에게 선물을 사다'와 후행절인 '거기에 가는 것이 좋겠다.'를 한 문장으로 연결하자면 의도와 조건을 함께 나타내는 연결어미 '-려면'을 사용하는 것이 가장 적합하다.

그런데 학습자는 목적을 나타내는 연결어미 '-러'를 사용하여 문장의 오류를 범하였다. 예문 (12ㄹ)도 (12ㄷ)과 마찬가지로 동일한 오류로 보이는데 이는 학습자가 의도를 나타내는 연결어미 '-려고'와 목적을 나타내는 연결어미 '-러'의 혼동에서 범한 오류 원인이 더 크다고 본다.

다음은 '-아서/-어서/-여서'와 '-(으)ㄴ데/는데'를 혼동하여 범한 오류의 예문들이다.

(13) ㄱ. *친구는 옷이 샀어 정말 예쁘다. 〈중급-16〉 (샀는데)
ㄴ. *나는 한국에 처음 왔는데 명동에 다녀왔다. 〈중급-20〉(와서)
ㄷ. *대학교 근처에 벚꽃거리가 있고 학교에 다 여자들만 있는데 이렇게 불렀다. 〈중급-25〉 (있어서)

예문 (13ㄱ)은 선행절이 후행절 내용의 배경이 되는데 학습자는 원인을 나타내는 '-아서'를 사용하여 문장을 연결했기 때문에 비문법적인 문장이 되었다. 따라서 이 문장에서는 배경의 의미를 나타내는 '-는데'를 사용하여 '친구가 옷을 샀는데 정말 예쁘다.'로 고치는 것이 적합하다. 또한 예문 (13ㄴ)에서는 선행절이 후행절의 배경이 되는 내용이 아니라 선행절과 후행절은 선후의 순서를 나타내기에 '-아서'를 사용하여 문장을 연결하는 것이 적절하다. 마지막 예문 (13ㄷ)은 '이화여대'란 이름의 유래를 설명한 문장인데 여기에서는 원인 관계에 의해 이루어진 문장이어야 하기에 '-어서'를 사용하는 것이 적절하다. 이렇게 배경을 나타내는 연결어미 '-(으)ㄴ데/는데'와 이유나 순서를 나타내는 연결어미 '-아서/-어서/-여서'는 의미가 많이 다름에도 불구하고 한국어 중급 학습자는 혼동하여 사용하는 오류 양상을 보였다.

(14) ㄱ. *11시까지 90만원 썼서 집으로 갔다. 〈중급-11〉 (쓰고)
ㄴ. *샤워도 못 해서 바로 잤다. 〈중급-11〉 (하고)

예문 (14ㄱ)을 보면 돈을 쓴 다음에 집으로 갔기에 선행절이 후행절의 내용보다 시간적으로 앞섰으나 선행절과 후행절이 필연적인 연관성은 없기 때문에 '순서'의 의미를 나타내는 연결어미 '-고'를 사용하여야 한다. 예문 (14ㄴ)은 '샤워도 못한 채로 바로 잤다.'는 의미를 나타내고자 하므로 선행절과 후행절은 '방법'이나 '수단' 또는 '어떤 행위에 이어 다음 행동이 유지됨'을 나타낸다. 따라서 (14ㄴ)에서는 연결어미 '-아서' 대신에 연결어미 '-고'를 사용하여야 한다.

이상에서 살펴본 바와 같이 중급으로 가면서 초급과는 달리 다양한 연결어미를 사용하다 보니 유사한 의미 기능을 갖는 연결어미들을 제대로 구분하지 못하여 혼용하여 사용하는 경향을 보였다. 이것은 의미 혼동에서 오는 대치 오류 현상이다. 중급 과정부터 한국어 교사는 이러한 오류에 유의하여 교육하여야 한다. 그리고 위에서 살펴본 예문 외에도 초급에서처럼 단순한 의미 파악이 잘못 되어 생산된 오류들도 많았지만 이와 관련된 자세한 내용은 여기서 기술하지 않고 부록에 첨부하고자 한다.

3.2.3. 고급 작문 분석

한국어 고급 학습자가 실제 작문 속에서 주로 어떤 연결어미들을 사용하고 어떻게 사용하며 주로 범하는 오류는 무엇인지를 알아보기 위해 이 책에서는 C대학의 TOPIK 5~6급에 속하는 한국어 고급 학습자가 작성한 글 50편을 분석해 보려고 한다. 한국어 고급 연구 대상자의 수, 작문 편수, 연결어미를 사용한 문장 수 등은 다음 〈표 12〉와 같다.

〈표 12〉 한국어 고급 연구 대상자의 정보

등급		학습자 수	작문 편수	연결어미 사용한 문장 수
고급 (C대학)	5급	25명	25편	199
	6급	25명	25편	209
합계		50명	50편	408

〈표 12〉에서 제시한 바와 같이 한국어 고급 학습자도 초급 학습자나 중급 학습자와 마찬가지로 5급 학습자가 쓴 작문 25편과 6급 학습자가 쓴 작문 25편으로 모두 50편의 작문을 분석하였다. 5급 학습자가 쓴 작문에서 연결어미를 사용한 문장은 총 199개였고, 6급 학습자는 총 209개의 문장에서 연결어미를 사용했다. 앞서 살펴본 한국어 초급이나 중급 학습자의 작문에서 사용한 연결어미 문장 수와 비교해 볼 때 이는 고급으로 가면서 학습자의 연결어미의 사용량이 부단히 증가하고 있다는 점을 보여주고 있다. 초급일 때 단문(單文) 위주로 문장을 작성하고, 중급에서는 복문을 위주로 문장을 작성하고, 고급에서는 점차 더욱 많은 문장을 연결하여 긴 문장으로 확장시키려는 경향이 있다.

한국어 고급 학습자의 작문에 쓰인 연결어미들과 그것들의 사용 빈도는 다음의 〈표 13〉과 같다.

〈표 13〉 한국어 고급 학습자의 작문에 쓰인 연결어미의 사용 빈도

순위	연결어미 항목	의미 기능	사용 빈도(회)		비율 (%)
1	-고	나열	140	208	34%
		순서	32		
		계기	28		
		이유	6		
		수단·방법	2		
2	-면	조건	113		18%
3	-아서/-어서/-여서 (-라서)	이유	64	93	15%
		수단·방법	14		
		계기	8		
		순서	7		
4	-지만	대조	35		7%
5	-아도/-어도/-여도/ (-라도)	양보	20		3.2%
6	-아야/-어야/-여야	조건	17		2.8%

<table>
<tr><td rowspan="2">7</td><td rowspan="2">-ㄴ데/-는데</td><td>배경</td><td>13</td><td rowspan="2">15</td><td rowspan="2">2.4%</td></tr>
<tr><td>대립</td><td>2</td></tr>
<tr><td>8</td><td>-면서</td><td>동시</td><td colspan="2">14</td><td>2.3%</td></tr>
<tr><td>9</td><td>-으니(까)</td><td>원인・근거</td><td colspan="2">11</td><td>1.8%</td></tr>
<tr><td>10</td><td>-다면</td><td>가정</td><td colspan="2">10</td><td>1.6%</td></tr>
<tr><td rowspan="5">11</td><td>-ㄹ뿐더러</td><td>익심</td><td colspan="2">8</td><td>1.3%</td></tr>
<tr><td>-려면</td><td>조건</td><td colspan="2">8</td><td>1.3%</td></tr>
<tr><td>-며</td><td>동시</td><td colspan="2">8</td><td>1.3%</td></tr>
<tr><td>-거나 (~-거나)</td><td>선택</td><td colspan="2">8</td><td>1.3%</td></tr>
<tr><td>-ㄴ지/-는지</td><td>의문</td><td colspan="2">8</td><td>1.3%</td></tr>
<tr><td>12</td><td>-ㄹ수록</td><td>비례</td><td colspan="2">7</td><td>1.1%</td></tr>
<tr><td>13</td><td>-든지~-든지</td><td>선택</td><td colspan="2">6</td><td>1.0%</td></tr>
<tr><td rowspan="2">14</td><td>-거니와</td><td>첨가</td><td colspan="2">4</td><td>0.6%</td></tr>
<tr><td>-려고</td><td>의도</td><td colspan="2">4</td><td>0.6%</td></tr>
<tr><td rowspan="2">15</td><td>-더라도</td><td>양보</td><td colspan="2">3</td><td>0.5%</td></tr>
<tr><td>-(으)므로</td><td>이유</td><td colspan="2">3</td><td>0.5%</td></tr>
<tr><td rowspan="2">16</td><td>-거나</td><td>선택</td><td colspan="2">2</td><td>0.3%</td></tr>
<tr><td>-길래</td><td>인과</td><td colspan="2">2</td><td>0.3%</td></tr>
<tr><td rowspan="9">17</td><td>-고자</td><td>의도</td><td colspan="2">1</td><td>0.2%</td></tr>
<tr><td>-고도</td><td>양보</td><td colspan="2">1</td><td>0.2%</td></tr>
<tr><td>-기에</td><td>인과</td><td colspan="2">1</td><td>0.2%</td></tr>
<tr><td>-나</td><td>선택</td><td colspan="2">1</td><td>0.2%</td></tr>
<tr><td>-도록</td><td>도급</td><td colspan="2">1</td><td>0.2%</td></tr>
<tr><td>-되</td><td>조건</td><td colspan="2">1</td><td>0.2%</td></tr>
<tr><td>-러</td><td>목적</td><td colspan="2">1</td><td>0.2%</td></tr>
<tr><td>-자마자</td><td>연발</td><td colspan="2">1</td><td>0.2%</td></tr>
<tr><td>-지</td><td>대조</td><td colspan="2">1</td><td>0.2%</td></tr>
<tr><td>합계</td><td>32개</td><td>-</td><td colspan="2">616</td><td>100%</td></tr>
</table>

이상의 〈표 13〉에서 보는 바와 같이 한국어 고급 학습자는 초급이나 중급 학습자에 비해 사용하는 연결어미 항목 수가 현저히 많고 다양하다. 한국어 고급 학습자의 작문에서는 한국어 초급 학습자나 중급 학습자의

작문에서 전혀 보이지 않은 '-ㄹ뿐더러, -거니와, -길래, -고도, -고자, -되…' 등과 같은 연결어미를 작문에 활용하고 있음을 알 수 있다. 그리고 연결어미 사용 빈도 순위를 살펴보면 고급도 초급이나 중급과 마찬가지로 '-고', '-면', '-아서/-어서/-여서' 순으로 고빈도 연결어미 수는 거의 똑같게 나타났다. 이는 학습자가 새로운 연결어미보다는 초급 때부터 계속 써와서 더욱 익숙한 연결어미만을 습관적으로 많이 사용한다는 것을 뒷받침하는 것이다. 그리고 한 가지 의미만을 나타내는 연결어미보다는 여러 의미를 나타내는 연결어미들의 사용 빈도가 더욱 높다.

다음은 한국어 고급 학습자가 범하는 오류 양상들을 살펴보고자 한다. 아래 〈표 12〉에서 보듯이 한국어 고급 학습자는 의미적 오류가 56.45%로서 전체 오류의 절반 이상을 차지한다. 이는 앞서 살펴본 형태적 오류를 가장 많이 범하는 한국어 초급 학습자나 중급 학습자와는 달리 한국어 고급 학습자는 주로 의미적 오류를 가장 많이 범한다. 그것은 학습자가 급이 올라갈수록 다양한 의미를 나타내는 연결어미를 접하기 때문에 의미의 혼동에서 빚어지는 오류가 큰 것으로 추정된다. 고급 작문에 쓰인 오류 양상을 정리하여 적으면 다음 〈표 14〉와 같다.

〈표 14〉 고급 작문에 쓰인 연결어미의 오류 양상

오류 양상 / 오류 유형	오류 빈도(회)	오류율(%)
형태적 오류	19	30.65
통사적 오류	8	12.90
의미적 오류	35	56.45

1) 형태적 오류

한국어 고급 학습자는 중급 학습자에 비해 형태적 오류를 덜 범하는 편이다. 한국어 고급 학습자가 형태적 오류를 범한 예문을 들어 보면 다음의 (15)와 같다.

(15) ㄱ. 미리 직업에 대해서 구체적인 정보를 알아보고 자신이 맞은 직업을 골러서 목적이 하나 세우고 이 목적으로 최선을 다하으면 더 좋을 것 같다. 〈고급-34〉

예문 (15ㄱ)에서 '고르다'와 '-어서'가 결합하면 '르' 불규칙 현상이 적용된다. 따라서 '르'에서의 'ㅡ'모음이 탈락되고 새로운 'ㄹ'이 삽입된다. 그리고 모음조화 현상도 함께 적용이 되어 '골라서'로 쓰인다. 이 예문에서는 '르' 불규칙 현상은 적용했지만 모음조화 현상은 적용하지 않아서 오류를 범한 것이다. 그리고 연결어미 '-(으)면'은 용언 어간의 받침 유무에 따라서 접속 형태가 달라지는데 학습자는 이런 선행학습 정보가 부족하기에 '다하다'의 어간 '다하-'에 받침이 없음에도 불구하고 '다하으면'으로 적어서 오류를 범했다.

(16) ㄱ. 답은 말을 않하도 알을 수 있다. 〈고급-4〉
ㄴ. 다이어트는 굶는거 보다는 운동해고 야체를 많이 먹은게 좋습니다. 〈고급-17〉

위의 예문 (16ㄱ)에 쓰인 '않하도'는 '안 하여도' 혹은 '안 해도'로, (16ㄴ)에 쓰인 '운동해고'는 '운동하고'로 바꾸어 써야 한다. 앞에서 언급한 바가 있듯이 '하다'는 기타 형태의 단어들과 달리 특수 결합 형태이기 때문에 별도로 이에 대한 설명을 함으로써 학습자로 하여금 주의할 수 있도록 특별히 강조할 필요가 있다.

(17) ㄱ. 직장다니 면서 돈을 모이고 상향수술을 하는 여자들이 많다고 보도했다. 〈고급-4〉
ㄴ. 답은 말을 않하도 알을 수 있다. 〈고급-4〉

위의 예문들은 띄어쓰기가 틀린 경우이다. 예문 (17ㄱ)에서 '-면서'는 연결어미이므로 동사 '다니다'의 어간인 '다니-'에 붙여 '다니면서'로 적어야 한다. 예문 (17ㄴ)에서 '않하도'는 '안 해도' 혹은 '안 하여도'의 오류 형태인데 이와 같은 경우는 부정 부사인 '안'과 용언인 '해도' 혹은 부정부사인 '안'과 용언인 '하여도'를 띄어 써야 한다.

2) 통사적 오류

한국어 고급 학습자는 시제 제약을 어기거나, 동일한 연결어미를 오용하거나, 연결어미를 사용하지 않고 어간만 사용하여 통사적 오류를 범한다.

① 시제 제약을 어겨 생긴 오류

(18) ㄱ. *옛날에 회사에 다닐 때 성적을 제일 좋아한 사람이 필요<u>하는데</u>, 요즘 바꿨다. 〈고급-33〉
ㄴ. *직업 대한 구체적인 정보도 잘 알아보지 않을뿐더러 적성과 흥미까지 고려하지 <u>않았어서</u> 그렇다. 〈고급-37〉

예문 (18ㄱ)은 지난날에 대한 이야기를 한 문장이기 때문에 선행절의 서술어로 쓰인 '필요하는데'는 과거시제 선어말어미 '-였-'을 사용하여 '필요하였는데' 혹은 이것의 준말인 '필요했는데'로 표현하는 것이 자연스럽다. 그리고 '이유'를 나타내는 연결어미 '-아서/-어서/-여서'는 과거시제와 결합할 수 없는데 예문 (18ㄴ)에서는 '않았어서'와 같이 과거 시제 선어말어미 '-았-'을 사용했기 때문에 (18ㄴ)은 문법에 어긋난 문장이 된 것이다. (18ㄴ)의 '않았어서'를 '않아서' 혹은 '아니하여서' 혹은 '아니해서'로 바꾸어 써야 한다.

② 동일한 연결어미 오용 오류

한국어 고급 학습자 중에는 중급 학습자와 같이 동일한 연결어미를 오용하는 사람이 있다.

(19) ㄱ. *서울의 압구정에 가면 성형외과 많은 길을 보면 알겠 됐다. 〈고급-4〉

ㄴ. *연예인들이 예쁘면 많은 주목을 받는 것을 보면(면서) 우리도 뭔가를 깨달았다. 〈고급-9〉

ㄷ. *직장에서 일이 많아서 사람이 피군해서(해지기에) 좋은 기분 제일 중요합니다. 〈고급-22〉

ㄹ. *자신에게 맞는 회사에 들어가면(가서) 일을 즐기면서 하려고 하면 원만한 인계관계에 대해 신경을 써야 하고 다른 사람의 의견을 잘 들어야 하고(며) 너무 자랑한 사람이 되지 않고(않도록) 노력해야 한다. 〈고급-46〉

예문 (19ㄱ)을 보면 첫 두 문장은 순서 관계인 '-아서'에 의해 만들어지는 것이 훨씬 자연스럽다. 그런데 첫째 절인 '서울의 압구정에 가다'와 둘째 절인 '성형외과 많은 길을 보다', 그리고 둘째 절과 셋째 절인 '알게 됐다.'를 연결함에 있어서 조건 관계 연결어미 '-면'을 반복해서 사용하였다. 그 나머지 예문들도 마찬가지로 다른 연결어미를 선택하여 다양하게 사용할 수 있음에도 불구하고 모두 같은 연결어미를 되풀이하여 사용함으로써 중복 사용 오류를 범하였다.

▸ 연결어미가 불필요한 곳에 사용된 경우

(20) ㄱ. *돈을 버면(벌 때) 월급이 싸든지 비싸든지 여유 시간이 꼭 있어야 한다. 〈고급-23〉

ㄴ. 다음 달 내가 어느 정도에 수입이 있을지 계산이 되다면(된다면) 그에 다른 보험금, 저축액, 생활비, 주가, 펀드 등 금융에 대한 상품을 예상하여 ~~되다면~~(×) 일정하게 안정적으로 움질 수 있겠다. 〈고급-23〉

예문 (20ㄱ)에서 '버면'은 '벌 때'로 표현하여야 (20ㄱ)이 자연스러운 문장이 된다. (20ㄴ)에서 '계산이 되다면'은 '계산이 된다면'으로 바꾸어 쓰고, '예상하여 되다면'은 '되다면'을 삭제하고 '예상하여'로 바꾸어 써야 문법에 맞는 문장이 된다.

③ 연결어미 누락 오류

연결어미 누락 오류는 한국어 초급 학습자도 많이 범하는 오류인데 한국어 고급 학습자 중에도 그러한 오류를 범하는 이가 있다. 한국어 초급 학습자는 어떤 연결어미를 쓸지 잘 몰라서 회피하는 경우가 많은데 한국어 고급 학습자는 실수로 연결어미를 누락한 것으로 보인다.

(21) ㄱ. *월급도 많( ) 일자리도 많아서 대부분 사람들 되고 싶어 한다. 〈고급-26〉

예문 (21ㄱ)에서 학습자는 형용사 '많-' 어간 뒤에 '-고'라는 연결어미를 써야 하는데 아무것도 사용하지 않았다.

3) 의미적 오류

한국어 고급 학습자는 형태적 오류나 통사적인 오류보다는 의미적인 오류를 더 많이 범한다. 특히 의미적인 측면에서 한국어 고급 학습자가 가장 많이 범하는 오류는 유사한 의미를 사용함에 있어 문맥에 따른 의미 구분 없이 어느 한 연결어미 하나로 일관하여 폭넓게 쓰는 오류이다.

(22) ㄱ. *직장다니 면서 돈을 모이고(모아서) 상향수술을 하는 여자들이 많다고 보도했다. 〈고급-4〉

ㄴ. *요즘 대학교에 졸업하고 회사를 취직을 못해고(못 해서) 갈데 없는

사람들이 많아지고 있다. 〈고급-34〉

ㄷ. *요즘은 외모 지상주의 사람들은 성형수술도 많이 하고 비만 때문에 비만약도 많이 먹고(먹어서) 건강을 잃고 있다. 〈고급-50〉

위의 예문들은 학습자가 '-고'와 '-아서/-어서/-여서'를 잘 구분하지 못해서 범한 오류들이다. 예문 (22ㄱ)은 순서를 나타내는 '-아서'를, 예문 (22ㄴ)과 (22ㄷ)은 이유를 나타내는 '-아서/-어서/-여서'를 써야 하는데 모두 동일한 의미를 나타내는 '-고'를 사용해서 오류를 범한 예들이다.

(23) ㄱ. *우리의 외모는 부모님한테서 받은 소중한 것고(이기에) 성형 수술을 할 필요가 없다. 〈고급-9〉

ㄴ. *자기만 잘 하는 것이 아니라 동료들 같이 완만한 일처리를 하고(면) 서로 관계도 친하고(친해지기에) 중요한다. 〈고급-27〉

예문 (23ㄱ)과 (23ㄴ)은 원인을 나타내는 연결어미 '-기에'나 '-므로'를 사용해야 함에도 불구하고 원인을 나타내는 연결어미 '-고'를 사용해서 범한 오류들이다.

(24) ㄱ. *여자가 외모를 예쁘고 매체를 날씰하고(날씬하면) 대부분 남자들이 다 좋아 하다. 〈고급-48〉

ㄴ. *능력은 있는 사람 그런데 예쁘지 않고 매체를 없고(없으면) 사장님이 잘 생각할 수 있다(없다). 〈고급-48〉

위의 예문에서는 마땅히 조건을 나타내는 연결어미 '-(으)면'을 사용해야 하는데 모두 '-고'로 대체 사용하는 오류를 범하였다.

(25) ㄱ. *수물지역이 생기고(면서) 자연 생태계가 파괴가 되지요. 〈고급-21〉

ㄴ. *먼저 관심이 있고(어야) 매일 출퇴근할 때 힘도 더 많이 진다. 〈고급-39〉

위의 예문에서도 마찬가지로 각각 동시성을 나타내는 연결어미 '-면서'와 조건을 나타내는 연결어미 '-아야/-어야/-여야'를 사용해야 정확한 문장을 이룰 수 있는데 학습자는 모두 가장 흔히 사용하는 '-고'를 사용하였다.

학습자는 다른 연결어미를 사용할 수 있는데도 불구하고 모두 '-고'로 일관해 사용하였음을 알 수 있다. 즉 순서나 이유를 나타내는 연결어미에는 '-고', '-아서/-어서/-여서', '-기에', '-(으)므로' 등 여러 가지 연결어미들이 있는데도 학습자는 문맥에 맞는 연결어미를 골라 사용한 것이 아니라 나열, 순서, 계기, 이유 등 다양한 의미 기능을 하는 선택의 범위가 넓은 연결어미 '-고' 하나로 일관하여 대체 사용하는 오류를 범한다.

3.2.4. 한국어 학습자의 작문 분석 결과 요약

앞에서 중국어권 한국어 초급·중급·고급 학습자가 쓴 한국어 작문 각각 50편씩 총 150편을 연구 자료로 삼아 이 작문들에 쓰인 연결어미의 사용 빈도와 오류 양상을 살펴보았다.

한국어 초급·중급·고급 학습자의 작문에 쓰인 연결어미 항목수와 총 사용 빈도를 표와 그림으로 보이면 다음 〈표 15〉와 〈그림 1〉, 〈그림 2〉와 같다.

〈표 15〉 한국어 학습자의 작문에 쓰인 연결어미와 총 빈도수

	사용한 연결어미 수	사용한 연결어미 총 빈도수(회)
초급	8	106
중급	18	455
고급	32	616

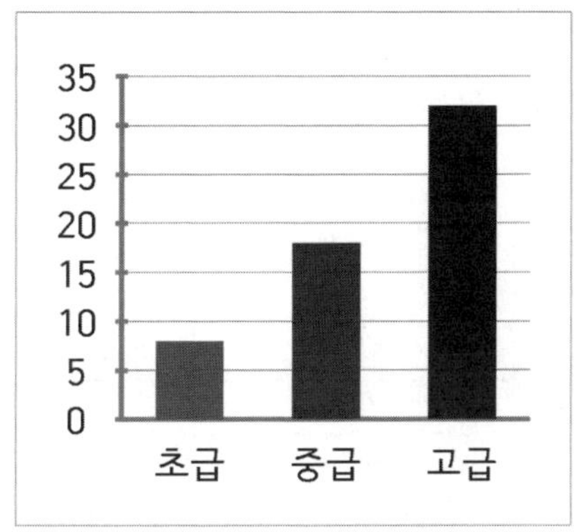

〈그림 1〉 급별 연결어미 항목 수 비교

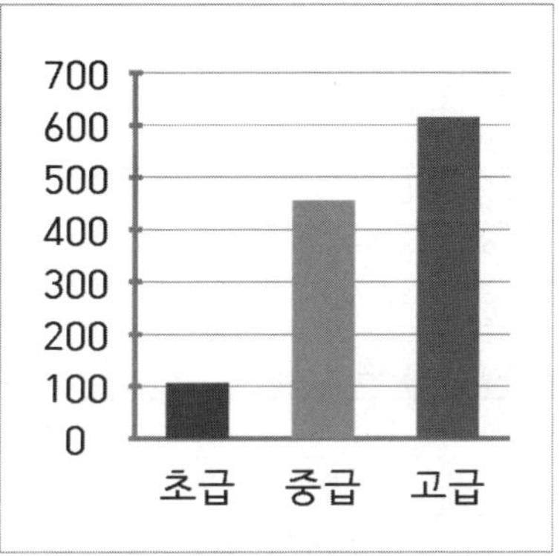

〈그림 2〉 급별 연결어미 총 사용 빈도 비교

〈그림 1〉과 〈그림 2〉에서 보다시피 초급에서 고급으로 가면서 연결어미 항목수가 많아지고 연결어미 총 사용 빈도도 높아지고 있음을 볼 수 있다. 연결어미 항목수가 늘어가고 있다는 것은 고급으로 가면서 학습자가 사용하는 연결어미 종류가 다양하고 풍부하다는 것을 시사한다.

초급에서 고급까지 중국인 한국어 학습자의 작문에 쓰인 모든 연결어미 항목들을 총 빈도수와 함께 높은 빈도순부터 차례대로 정리해 보면 다음 〈표 16〉과 같다.

〈표 16〉 초급 · 중급 · 고급 작문에 쓰인 연결어미와 사용 빈도

순위	연결어미 항목	사용 빈도	순위	연결어미 항목	사용 빈도
1	-고	381	18	-려고	7
2	-면	241	19	-든지~-든지	6
3	-아서/-어서/-여서	225	20	-더라도	5
4	-지만	67	21	-자마자	5
5	-니/-니까	34	22	-거니와	4
6	-ㄴ(으)데/-는데(도)	33	23	-다가	4
7	-아도/-어도/-여도/-라도	28	24	-므로	4
8	-면서(도)	24	25	-길래	2

9	-아야/-어야/-여야	17	26	-고도	1
10	-다면	16	27	-고자	1
11	-거나~-거나	15	28	-기에	1
12	-러	9	29	-나	1
13	-려면	9	30	-느니	1
14	-며	9	31	-도록	1
15	-ㄴ지/는지	8	32	-되	1
16	-ㄹ뿐더러	8	33	-라면	1
17	-ㄹ수록	8	34	-지	1
연결어미 항목 수: 총 34개			연결어미 빈도 수: 총 1178회		

초급에서 고급까지 총 34개 연결어미를 사용하였으며 전체 작문 속에서 나타난 총 사용 횟수는 1178회이다. 이 중에서 '-고', '-면', '-아서/-어서/-여서'가 전체 연결어미의 72%를 차지함으로써 다른 연결어미에 비해 사용 빈도가 현저히 높다. 이 중에서도 '-고'와 '-아서/-어서/-여서'는 문맥에 따른 의미 기능이 다양하고 복잡해서 사용 횟수가 많은 만큼 오류 발생률도 가장 높은 것으로 파악되었다. 이 결과 또한 기존의 연구에서 진행한 작문 분석 결과와 크게 다르지 않다. 남수경・채숙희(2004:38), 류선영(2006:26), 임지아(2010:40) 등 세 편의 논문에서 진행한 중국어권 한국어 학습자의 작문 분석 결과는 다음 〈표 17〉과 같다.

〈표 17〉 한국어 학습자의 작문에 쓰인 연결어미의 사용 빈도

순위	류선영 (2006:26)		임지아 (2010:40)		남수경・채숙희 (2004:38)	
1	-고	90회	-고	210회	-고	971회
2	-아/어서	84회	-(으)면	119회	-(으)면	668회
3	-(으)면	41회	-아/어서	70회	-아/어서	621회
4	-(으)ㄴ/는데	30회	-지만	45회	-지만	206회
5	-지만	21회	-(으)ㄴ/는데	35회	-은/는데	178회
6	-(으)니까	17회	-(으)면서	15회	-(으)면서	131회

7	-(으)면서	16회	-도록	11회	-아도/어도	123회
			-아도/어도	11회	-(으)니까	93회
8	-(으)려고	12회	-(으)니까	10회		
9	-아도/어도	10회	-거나	9회	-(으)며	72회
10	-자마자	9회	-(으)며	8회	-거나	39회

위의 〈표 17〉에서 보는 바와 같이 세 연구 자료를 비교해 보면 '-고', '-아/어서', '-면', '-지만', '-(으)ㄴ/는데'가 거의 비슷한 순위로 고빈도를 나타내고 있으며, 그 다음은 '-면서', '-(으)니까', '-아도/-어도/-여도/-라도' 등의 순위로 높은 사용 빈도를 보이고 있다. 이것은 앞서 이 연구에서 분석한 중국어권 한국어 학습자의 작문 자료 분석 결과와 거의 비슷하다. 따라서 이러한 연결어미는 마땅히 초급에서 집중적으로 가르칠 필요가 있다.

한국어 학습자의 급별 사용 빈도 3위 이내 연결어미의 사용 빈도 실태는 아래의 〈표 18〉, 〈그림 3〉과 같다. 한국어 초급・중급・고급 학습자의 작문에 나타난 연결어미 빈도 순위를 보면 1위부터 3위까지 차지하는 연결어미 항목은 같은데 급별에 따라 순위상의 작은 차이가 있다.

〈표 18〉 급별 사용 빈도 3위 이내 연결어미의 빈도수

연결어미	초급	중급	고급
-아서/-어서/-여서	34(32%)	95(21%)	81(13%)
-고	28(26%)	144(33%)	208(34%)
-면	22(21%)	106(23%)	113(18%)

다음의 〈그림 3〉에서 보다시피 초급에서는 '-아서/-어서/-여서'가 가장 높은 빈도를 보였으나 중급과 고급으로 가면서 연결어미 '-고'가 가장 높게 나오고 그다음으로는 조건 관계 연결어미인 '-(으)면'이 두 번째로 높은 빈도를 보였다. 전체적으로 봤을 때 학습자는 다중 의미 기능을 하고 있는 연결어미 '-고'를 가장 많이 사용하고 있다는 것을 쉽게 관찰할 수 있다. 이처럼 사용 빈도가 가장 높은 만큼 앞서 각 절에서 살펴본 바와

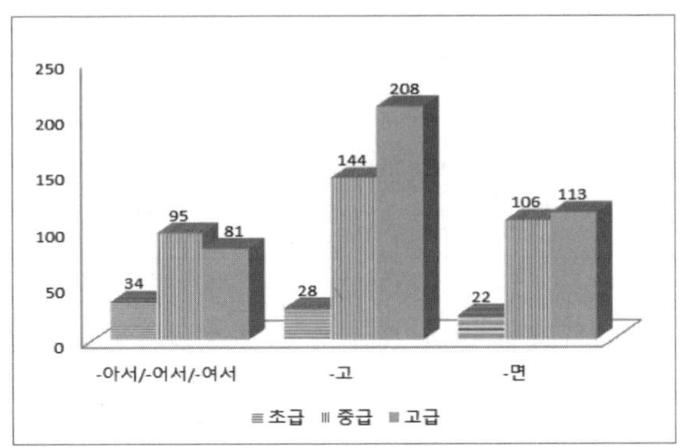

〈그림 3〉 급별 사용 빈도 3위 이내 연결어미의 빈도수

같이 연결어미 '-고'의 오류 빈도 또한 가장 높다는 것을 알 수 있다. 그것은 학습자가 초급부터 가장 먼저 흔하게 써오던 연결어미가 '-고'이기에 그만큼 익숙해져 있는데다가 '-고' 또한 여러 가지 의미 기능을 갖고 있기에 해당 의미를 나타내는 기타 연결어미를 사용할 수 있음에도 불구하고 편리성을 추구하여 '-고' 하나로 대체 사용하는 것으로 파악되었다. 이는 중국어권 한국어 학습자가 '-고'와 기타 유사한 연결어미 간의 의미 차이에 대해 정확하게 구별하여 사용할 수 있는 능력이 부족한 것으로 파악된다.

그렇다면 초급·중급·고급 각 급에 따른 학습자가 연결어미 '-고'를 어떤 의미들로 사용하였는지를 정리해 보면 다음 〈표 19〉와 같다.

〈표 19〉 '-고'의 의미 기능에 따른 급별 빈도수

연결어미	초급		중급		고급	
	의미 기능	빈도	의미 기능	빈도	의미 기능	빈도
-고	나열	19	나열	103	나열	140
	순서	8	순서	26	순서	32
	수단·방법	1	수단·방법	14	계기	28
	-	-	이유	1	이유	6
	-	-	-	-	수단·방법	2

〈표 19〉에서 보다시피 '-고'는 초급부터 고급까지 공통적으로 '나열, 순서, 수단·방법' 등 세 가지 의미로 쓰였다. 중급까지만 해도 이 세 가지 의미 기능으로만 사용되었으며 '이유'라는 의미로 사용된 예문은 하나뿐이었다. 그런데 고급에 가서는 '계기'라는 의미 기능이 첨가되면서 다섯 가지 의미 기능으로 다양하게 적극적으로 사용하고 있는 양상을 볼 수 있었다. 그런데 고급의 오류 양상을 보면 '-고'의 대치 오류가 가장 많았는데, 학습자는 다른 연결어미를 사용할 수 있는데도 불구하고 문맥에 맞는 연결어미를 골라 사용한 것이 아니라 무조건 '나열, 순서, 계기, 이유' 등 다양한 의미 기능을 하는 선택의 범위가 넓은 연결어미 '-고' 하나로 일관하여 대체 사용하는 오류들을 보였다. 이는 학습자가 연결어미 선택에 있어 한 가지 의미 기능을 하는 연결어미보다는 다양한 의미 기능을 하는 연결어미를 쓰는 것이 오류발생 가능성을 줄일 수 있는 유익한 전략으로 판단하기에 범한 오류라고 판단된다. 이 외에도 인과관계를 나타내는 연결어미 '-아서/-어서/-여서'와 '-니까'의 대치 오류, '-면'과 '-려면' 그리고 '-러'와 '-려면'의 의미 혼동에서 오는 오류 등이 있었다.

다음으로는 형태적·통사적 오류인데 학습자는 통사적 오류보다는 형태적 오류를 더욱 많이 보였다. 예컨대 연결어미의 기본 형태를 모르는 데서 오는 오류, 받침 유무에 따른 활용 오류, 불규칙 활용에 따른 오류, 모음조화 법칙에 어긋나는 오류 등이 있다. 이런 오류들은 사실 의미나 통사적인 부분에 비해 쉽게 개선할 수 있는 문제점으로 교사의 세심한 노력이 필요하다. 통사적 오류에는 시제 제약을 지키지 않은 오류가 가장 많았으며 가끔 주어 일치 제약을 지키지 않아 발생한 오류도 보였다. 이 외에도 연결어미가 불필요한 곳에 사용된 오류와 같은 연결어미의 반복 사용으로 인한 오류가 많았으며, 다음으로는 연결어미가 사용되어야 할 곳에 아무것도 쓰이지 않은 경우나 또는 다른 문법표현으로 대체하여 사용하는 오류가 있었다. 그리고 흔하지는 않으나 가끔 연결어미를 누락한 오류나 연결어미와 대응하는 부사를 잘못 사용한 오류, 같은 의미의 연결어미와 접속부사의 연속 사용하여 발생한 오류 등도 있었다. 위에서 살펴본 초급·중급·고급 작문에 나타난 오류 양상을 모아서 표와 그림으로 제시하면 다음 〈표 20〉, 〈그림 4〉와 같다.

〈표 20〉 초급·중급·고급 작문에 쓰인 연결어미의 오류 양상

오류 유형 \ 등급	초급	중급	고급
형태적 오류	10(41.67%)	41(46.60%)	19(30.65%)
통사적 오류	8(33.33%)	18(20.45%)	8(12.90%)
의미적 오류	6(25.00%)	29(32.95%)	35(56.45%)

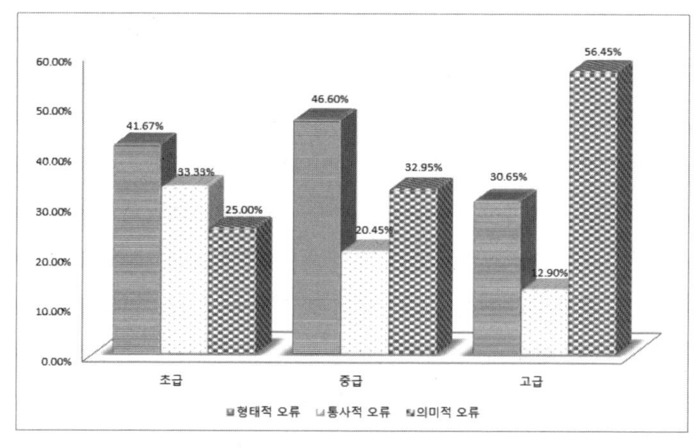

〈그림 4〉 초급·중급·고급 작문에 쓰인 연결어미의 오류 양상

초급에서는 연결어미가 총 106회 사용되었으며 오류 빈도는 24회이다. 그중에서 형태적 오류가 10회로써 오류율은 41.67%로 가장 높았고, 그 다음으로 통사적 오류가 8회로 오류율은 33.33%, 의미적 오류는 6회로 오류율은 25%였다. 중급은 연결어미가 총 455회 사용되었으며 오류 빈도는 88회로써 가장 많았다. 그중에서 형태적 오류가 41회로써 46.60%의 가장 높은 오류율을 보였고, 다음으로는 의미적 오류가 29

회로 오류율은 32.95%, 통사적 오류가 18회로 오류율은 20.45%를 차지하였다. 고급은 연결어미가 총 616회 사용되었는데 오류 빈도는 62회이다. 그중에서 의미적 오류가 35회로 56.45%의 오류를 보이며 오류율이 가장 높았으며, 다음으로는 형태적 오류가 19회로 30.65%의 오류율을 보이고, 통사적 오류가 8회로 12.90%의 오류율을 보였다. 〈그림 4〉에서도 나타나듯이 통사적 오류와 형태적 오류는 대체적으로 초급에서 가장 많이 나타났으며 중급과 고급으로 가면서 오류가 점차 줄어드는 추세인 반면, 의미적 오류는 오히려 고급으로 가면서 점차 늘어나는 추세를 보였다. 이는 학습자가 고급으로 가면서 많은 연결어미를 학습한 만큼 그 연결어미들의 의미를 정확하게 구분하여 사용하지 못하는 데에서 많은 혼동과 어려움을 겪는 것으로 보인다. 즉 초급에서는 연결어미의 형태나 통사적인 측면에 집중하여 가르치되 고급으로 가면서는 의미적인 측면을 더욱 중요시하여야 한다는 것을 시사해 주고 있다.

4

교육용 연결어미의 목록과 의미적·통사적 특성

한국어 연결어미 교육하려면 초급과정·중급과정·고급과정별 교육용 연결어미의 목록을 설정하고, 그것들의 의미적·통사적 특성을 파악할 필요가 있다. 그리하여 이 장에서는 급별 교육용 연결어미의 목록을 설정하고, 이 연구에서 실험 집단의 학습 대상으로 삼은 연결어미 '-아도/-어도/-여도/-라도'와 '-(으)ㄴ데/-는데'의 의미적·통사적 특성에 대해 고찰하려고 한다.

4.1. 교육용 연결어미의 목록

한국어의 연결어미는 552개로 다른 어미에 비하여 그 수효가 가장 많다(이주행, 2013:202). 그중에는 자주 사용하는 연결어미가 있는가 하면 잘 사용하지 않는 연결어미도 많다. 그렇다면 외국인 학습자에게 어떤 연결어미를 주로 가르쳐야 하는가 하는 것은 한국어교육에서 매우 중요한 비중을 차지한다.

한국어 초급, 중급, 고급 과정의 교육용 연결어미를 목록화하기 전에 급별 연결어미의 선정 기준을 마련할 필요가 있다. 이 책에서는 다음과 같은 세 가지 기준에 따라 연결어미를 선정하고자 한다.

1) 초급과정에서는 사용 빈도가 높고 오류 빈도가 낮은 연결어미를 선정한다.
2) 중급과정에서는 사용 빈도나 오류 빈도가 중간 정도인 연결어미를 선정한다.
3) 고급과정에서는 사용 빈도가 낮고 오류 빈도가 높은 연결어미를 선정한다.

이 책에서는 한국의 초등학교 국어 읽기 교과서에서 분석한 연결어미의 사용 빈도와 외국인을 위한 한국어 교재에 쓰인 연결어미 목록, 그리고 중국어권 한국어 학습자를 대상으로 한 오류 분석 결과를 가지고 위에서 제시한 교육용 연결어미의 선정 기준에 따라 교육용 연결어미의 목록을 작성하여 제시하고자 한다.

4.1.1. 한국의 초등학교 국어 읽기 교과서 분석

교육용 연결어미를 선정함에 있어 한국인이 성장 발달 단계에 따라 습득하여 사용하는 연결어미의 사용 빈도수를 고려하여 교육용 연결어미를 선정하여 목록화하는 것이 합당하다. 한국에는 아직 한국인이 성장 발달 단계에 따라 습득하여 사용하는 연결어미의 사용 빈도수를 조사한 자료가 없는 실정이다. 한국어 연결어미 교육 방안에 대해서 연구한 이들은 국내외에서 발간된 외국인을 위한 한국어 교재에 쓰인 것을 분석하여 활용하였다. 그러한 교재에 쓰인 연결어미들은 집필자들이 인지하고 사용하는 것들이지 한국인들이 성장 발달 단계에 따라 습득하여 사용하는 것은 아니기 때문에 그것들을 가지고 급별 교육용 연결어미로 목록화하는 것은 문제가 있다. 그리하여 이 책에서는 차선책으로 국어 교과서 집필 전문가들이 집필하고 국어 교과서 전문가들의 심의 과정을 거쳐 출판된 현재 한국 초등학교에서 사용하고 있는 현행 국어 읽기 교과서 1학년부터 6학년까지 12권의 읽기 텍스트 속에 쓰인 연결어미와 외국인을 대상으로 하는 한국어 교재 속에 쓰인 연결어미를 분석하여 교육용 연결어미의 목록을 작성하려고 한다.

현행 한국의 초등학교 국어 읽기 교과서에 쓰인 연결어미의 실태를 조사한 결과 연결어미를 포함한 문장 수는 모두 5,150개이며, 사용된 연결어미 수는 모두 7,725개이다. 여기에서는 보조적 연결어미, 관용 표현[1],

---

1) 관용 표현은 조사와 어미가 용언, 보조 용언, 의존 명사, 준꼴 따위와 어울려 하나의 표현으로 굳어져 쓰이는 것을 말한다. 예를 들면 '-고 가다(오다), -고 나서, -고는 하다, -기 위해서, -다 보니, -다가 못해, -다가 보니까, -다가 보면, -도록 하다, -ㄹ까 봐, -아 나가다, -아서 되겠는가, -에 따라서, -로 미루어서, -로 보아

연결 준꼴[2], 단어 연결어미[3] 등을 제외한 선행절과 후행절을 이어주는 연결어미만을 연구 대상으로 삼으려고 한다. 분석 결과 5,150개 문장 속에서 모두 68개의 다양한 연결어미를 추출해 냈으며, 그중 '-아(서)/-어(서)/-여(서)'가 2,116개로 가장 많이 나타났고, 다음으로 '-고(2,040) > -면(668) > -며(546) > -지만(254) > -면서(251) > -ㄴ데/-은데/-는데(233) > -니(207) …' 등 순으로 나타났다. 연결어미의 사용 빈도 순위는 다음 〈표 21〉과 같다.

〈표 21〉 국어 읽기 교과서에 쓰인 연결어미의 사용 빈도 순위

순위	연결어미	사용 빈도수	순위	연결어미	사용 빈도수
1	-아/-어/-여(서)	2,116	35	-기에	8
2	-고	2,040		-다니	8
3	-면	668		-라고	8
4	-며	546	36	-거든	6
5	-지만	254		-고는	6
6	-면서	251		-든(지)	6
7	-ㄴ데/-은데/-는데	233		-라면	6
8	-니	207	37	-다가는	4
9	-자	158		-지	4
10	-아도/-어도/-여도	149	38	-고서	3
11	-다가	118		-고자	3

서, -에 대해, -를 향해 …' 등이 있다.

2) 준꼴은 문법적인 지위가 다른 두 개의 단위가 분석할 수 없는 하나의 단위로 줄어든 말, 즉 문법적으로는 하나의 단위가 아니나 형태적으로는 하나의 단위로 쓰이는 것들을 말한다. 연결 준 꼴에는 '-냐며(-냐고 하며), -다니(-다고 하니), -다든지(-다고 하든지), -다며(-다고 하며), -라니(-라고 하니), -려거든(-려고 하거든), -려는데(-려고 하는데), -려니까(-려고 하니까), -려다가(-려고 하다가) …' 등이 있다.

3) 단어 연결어미는 단어와 단어를 이어주는 연결어미로서 예를 들면 '차디찬 물, 쓰디쓴 웃음, 넓디넓은 하늘 …' 등이 있다.

12	-거나	83		-고서야	3
13	-도록	77		-노라니(까)	3
14	-다	75		-다마는/-다만	3
15	-려고	70		-더니만	3
16	-니까	66		-라서	3
17	-러	63		-아서도/-어서도/-여서도	3
18	-더니	60	39	-건만	2
19	-듯이	42		-ㄴ/는즉	2
20	-아야/-어야/-여야	38		-ㄴ지라	2
21	-라	31		-다거나	2
22	-다고	27		-다가도	2
23	-다면	26		-다느니	2
24	-는지	25		-더라면	2
25	-느라(고)	24		-ㄹ세라	2
26	-나	23	40	-고서는	1
27	-자마자	22		-노라면	1
28	-고도	19		-답시고	1
29	-므로	17		-되	1
30	-ㄹ수록	16		-(으)ㄴ들	1
31	-려면	15		-ㄹ뿐더러	1
32	-는데도	13		-로되	1
33	-더라도	11		-아야만/-어야만/-여야만	1
34	-아서야/-어서야/-여서야	10		-아야지/-어야지/-여야지	1

초등학교 저학년의 국어 교과서에 비해 고학년의 국어 교과서에 연결어미가 더욱 많이 사용되는 양상을 보인다. 이런 양상이 나타나는 것은 고급으로 올라가면서 새롭게 등장하는 연결어미 수는 많지 않지만 문장 단위가 길어지기 때문에 문장당 사용되는 연결어미가 저학년 교과서보다

고학년 교과서에 더 많은 것이다.

기존 연구에서 다룬 바와 같이 국어 교재에서도 '-아서/-어서/-여서', '-고', '-면', '-며', '-지만' 등의 연결어미가 많이 쓰인다. 연결어미 '-아서/-어서/-여서'나 '-고' 등은 '계기, 순서, 이유, 수단·방법, 나열, 대립' 등 여러 가지 의미[4]를 나타내는 다의성 연결어미이기 때문에 그것들 외의 연결어미에 비해 사용 빈도가 압도적으로 높게 나타난 것으로 보인다. 그리고 이런 유의 연결어미는 초등학교 저학년 국어 교과서부터 초등학교 고학년 국어 교과서까지 단계성과 관계없이 골고루 분포되어 나타나는 특징이 있기에 사용 빈도가 높다. 그 다음으로 사용 빈도수가 높은 연결어미 '-면, -며, -지만, -면서, -니, -자 …' 등이 그 버금으로 나타난다. 이런 연결어미는 의미가 다양하지 않지만 초등학교 전 학년 국어 교과서에서 찾아볼 수 있다. 그런데 연결어미 '-노라니(까), -다마는(-다만), -ㄹ세라, -노라면, -되, -(으)ㄴ들, -로되 …' 등은 1~3회 정도밖에 출현하지 않아 그 사용 빈도가 낮다.

다음은 상황별로 좀 더 구체적으로 살펴보고자 한다.

우선 연결어미의 사용 분포를 살펴보기 위해 초등학교 1~2학년을 초급, 3~4학년을 중급, 5~6학년을 고급으로 분류하였는데, 〈표 22〉와 〈그림 5〉를 통해 급수가 높아짐에 따라 연결어미를 더욱 많이 사용하는 양상을 엿볼 수 있다. 초등학교 국어 읽기 교과서에 쓰인 연결어미의 총 사용 빈도수는 7,725회이다. 급별 국어 읽기 교과서에 쓰인 연결어미의 사용 빈도를 표로 정리하면 다음 〈표 22〉와 같다.

〈표 22〉 급별 국어 읽기 교과서에 쓰인 연결어미의 사용 빈도

급별	초급(1,2학년)		중급(3,4학년)		고급(5,6학년)	
연결어미	794개	10.2%	2,562개	33.2%	4,369개	56.6%

4) 연결어미의 의미 별 분포는 '4.2.1 의미적 특성'에서 구체적으로 다루고자 한다.

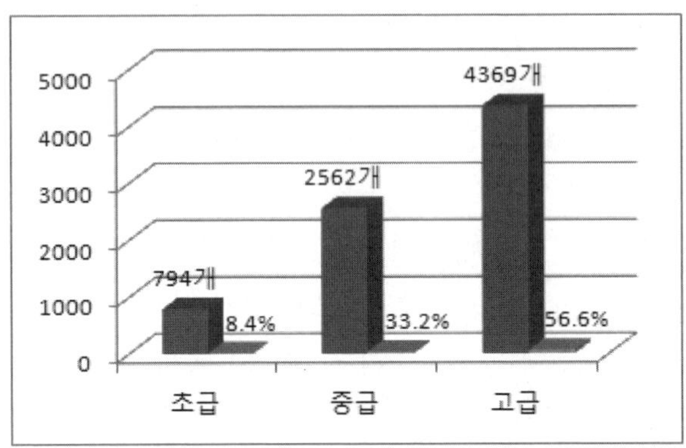

〈그림 5〉 급별 국어 읽기 교과서에 쓰인 연결어미의 사용 빈도

위의 〈표 22〉, 〈그림 5〉에서 보는 바와 같이 초등학교 고학년으로 올라가면서 새롭게 등장하는 연결어미 수는 많지 않지만 문장 단위가 길어지기 때문에 문장당 사용하는 연결어미가 초급이나 중급보다 훨씬 많다. 교재 5-1권의 524번 문장에서는 연결어미가 무려 13개나 쓰였는데 이는 한 문장에서 연결어미가 최다 사용된 일례이다[5]. 초급에서는 문장당 1~3개 정도 쓰이고, 중급에서는 문장당 3~4개가 쓰이며, 고급에서는 문장당 3~5개가 쓰인다. 그런데 고급에서는 문장당 많게는 7개에서 12개까지 쓰이는 경우가 있다. 이것은 급이 올라가면 갈수록 연결어미의 지속적인 학습과 반복적인 연습이 필요하다는 것을 시사하고 있다.

초등학교 국어 읽기 교과서에 쓰인 연결어미들을 전학년(全學年)에 쓰인 연결어미, 3~6학년에 쓰인 연결어미, 5, 6학년에 쓰인 연결어미, 1~6학년에서 간헐적으로 쓰인 연결어미 등 네 부류로 나누어 제시하면 다음의 〈표 23〉과 같다.

---

5) 긴 겨울 동안 굴속에서 떨다가 봄소식을 얻어듣고 풀잎 먹고자 나오면 사나운 독수리가 쏜살같이 따라 오니 데굴데굴 굴러서 어느 틈에 꽃구경할 것이며, 여름이면 마른 목을 축이려고 시냇가를 찾노라면 밭을 매던 농부들이 호미 들고 뒤쫓으니, 가슴이 벌렁벌렁, 달아나기 바쁘잖소? (국어 읽기 5-1권, 120쪽)

〈표 23〉 한국의 초등학교 국어 읽기 교과서에 쓰인 연결어미

구분 \ 항목		연결어미 항목
1	전 학년에 쓰인 연결어미	-거나, -고, -고도, -ㄴ데/-은데/-는데, -느라(고), -니, -니까, -다, -다가, -다면, -더니, -도록, -듯(이), -러, -라고, -라서, -려고, -려면, -며, -면, -면서, -아도/-어도/-여도/-라도, -아서/-어서/-여서, -아야/-어야/-여야, -자, -자마자, -지, -지만 〈총 28개〉
2	3~6학년에 쓰인 연결어미	-건만, -기에, -나, -ㄴ데도/-는데도, -다고, -다가는, -다니, -더라도, -든(지), -ㄹ수록, -라, -라면, -므로, -아서야/-어서야/-여서야 〈총 14개〉
3	5, 6학년에 쓰인 연결어미	-거든, -고는, -고서, -고서는, -고서야, -고자, -ㄴ즉/-는즉, -ㄴ지라, -노라면, -다느니, -다마는, -답시고, -더니만, -되, -로되, -아야만/-어야만/-여야만 〈총 16개〉
4	1~6학년에서 간헐적으로 쓰인 연결어미	-노라니까, -ㄴ지/-는지, -다거나, -다가도, -더라면, -들, -ㄹ뿐더러, -ㄹ세라, -아야지/-어야지/-여야지 〈총 9개〉

위의 〈표 23〉에서 보는 바와 같이 제1 부류는 1학년부터 6학년까지 자주 출현한 고빈도 연결어미이고, 제2 부류는 1, 2학년에서는 전혀 나타나지 않고 3학년부터 6학년에서만 나타난 연결어미들이며, 제3 부류는 1학년부터 4학년에서는 나타나지 않고 5학년과 6학년에서만 쓰인 연결어미들이다. 그리고 제4 부류는 1학년부터 6학년 교재 중에 아주 간헐적으로 쓰인 저빈도 연결어미들이다. 이렇게 초등학교 국어 읽기 교재에는 대략 67개 정도의 연결어미가 쓰였으며 학년에 따라 출현 양상이 다르다. 각 교재의 연결어미를 추출하여 정리하여 본 결과 위의 표에서 드러난 바와 같이 연결어미는 사용 빈도와 난이도에 따라 제시되어 있었음을 알 수 있다. 먼저 제1 부류를 보면 '-거나, -고, -ㄴ데/-은데/-는데, -니 …' 등 28개 연결어미는 초급 학년 교과서인 1-1권부터 고급 학년 교과서인

6-2권까지 지속적으로 출현한다. 이것은 그만큼 중요한 비중을 차지하므로 초급 교육용 목록으로 선정해야 한다. 제1 부류에 속하는 연결어미라고 하더라도 한국어 중급 학습자가 오류를 많이 범하는 것과 제2 부류에 속하는 것과 제4 부류에 속하는 연결어미 중에서 사용 빈도수가 높은 것은 중급 교육용 연결어미로 처리한다. 제4 부류에 속하는 연결어미 중에서 한국어 고급 학습자가 오류를 많이 범하는 것과 제3 부류는 고급 교육용 연결어미로 간주한다.

4.1.2. 외국인을 위한 한국어 교재 분석

한국의 초등학교 국어 읽기 교과서에 쓰인 연결어미를 살펴보는 것도 중요한 일이지만, 현재 외국인을 위한 한국어 교재에서 연결어미를 어떻게 다루고 있는지에 대해서 고찰하는 것도 물론 중요한 일이다. 그리하여 이 책에서는 외국인을 위한 한국어 교재에서 주로 어떤 연결어미들이 다루어지고 있으며 단계별로 제시하고 있는 연결어미 목록에는 어떤 것들이 있는지를 구체적으로 고찰해 보고자 한다. 그러기 위해서 한국의 어학원에서 보편적으로 많이 사용하고 있는 5개 대학 기관에서 편찬한 한국어 교재를 분석 대상으로 삼으려고 한다. 그것은 경희대의 「한국어」, 서강대의 「서강 한국어」, 서울대의 「한국어」, 연세대의 「연세 한국어」, 이화여대의 「말이 트이는 한국어」 등이다. 이 5개 기관의 한국어 교재에 쓰인 연결어미 목록을 초급·중급·고급에 따라 작성하여 제시하면 다음의 〈표 24〉와 같다.

〈표 24〉 한국어교육기관의 한국어 교재에 쓰인 연결어미의 목록

급 / 교재	초급(1~2급)	중급(3~4급)	고급(5~6급)
경희대 교재	-고(나열) -거나	-거든 -길래	-게 -고자

	-다가 -아/어서(순차) -아/어서(이유) -(으)ㄴ데/-는데(배경) -(으)니까 -(으)러 -(으)려고 -(으)면 -지만	-느라고 -도록 -든지 -아/어도 -아/어야 -(으)ㄴ/는지 -(으)ㄹ지라도 -(으)며 -(으)면서 -(으)므로 -자마자	-고서 -다시피 -되 -느니 -(으)ㄴ들 -자
서강대 교재	-거나(선택) -고(나열) -니까(이유) -다가 -(으)ㄴ/-는데(대조/배경) -(으)러(목적) -(으)려고 -(으)려면 -(으)면 -(으)면서 -아/어서(원인) -지만	-게 -느라고 -(으)ㄴ/-는데(배경) -(으)니까(배경) -(으)려면 -아/어/여야	-느니 -다시피 -ㄹ/을지라도 -(으)며 (나열) -자
서울대 교재	-고(나열) -고(선후) -(으)ㄴ/-는데(배경) -(으)니까(이유) -(으)면(조건) -(으)면서(동시) -(으)러(목적) -아서/어서(지속) -아서/-어서(이유) -지만(대조)	-고자(의도) -ㄴ/-는데도(양보) -느라고(이유) -도록(도급) -아도/어도(양보) -아야/어야(당위) -자마자(연발)	

연세대 교재	-거나(선택) -게 -고(나열) -는데/-(으)ㄴ데(대조) -는데/-(으)ㄴ데(배경) -다가 -아도/-어도/-여도/(가정) -아서/어서/여서(순차) -아서/어서/여서(이유) -(으)니까 -(으)러 (가다/오다) -(으)려고(목적, 의도) -(으)면(가정, 조건) -(으)면서(동시) -지만	-거든(조건) -게(목적) -기에 -ㄴ/은/는지 -도록(목적) -든가(선택) -아/어/여야 (상황・필요조건) -자마자	-건만 -길래(원인・이유) -ㄴ들/은들(양보) -느니 -되(설명) -ㄹ/을래야(의도) -ㄹ/을지라도 -(으)니(나열)
이화여대 교재	-거나(선택) -고(계기) -(으)ㄴ/-는데(배경) -(으)니까(이유) -(으)러 -(으)려고(의도) -(으)려면(의도) -(으)면(조건) -(으)면서(동시) -아/어서(이유) -아/어서(계기) -자마자(연속) -지만(상반)	-거든(전환) -길래(근거) -도록(목적) -아도/어도(양보) -아야/어야(당위) -아/어야지(당위) -(으)니까(배경) -(으)며(나열) -(으)ㄹ지라도(인정)	-되 -든지(선택) -자(연속)

위의 〈표 24〉에서 보는 바와 같이 5개 대학기관의 한국어 교재에 쓰인 연결어미 목록을 보면 초급에서 제시하는 연결어미 항목이 가장 많고, 중급과 고급으로 가면서 줄어들고 있음을 엿볼 수 있다. 그리고 초급에 제시된 연결어미들은 5개 교재가 대동소이(大同小異)한데 중급이나 고급으

로 가면서 연결어미 항목이 상이한 양상을 보이고 있다. 한국어 연결어미는 중국어에는 없는 것이며, 문법적이고 추상적인 의미를 나타내는 의존 형태소이기 때문에 중국어권 한국어 학습자가 연결어미를 낯설어하고 어려워하기 마련이다. 따라서 초급부터 많은 연결어미를 한꺼번에 대량으로 제시하는 것은 중국어권 한국어 학습자에게 한국어 학습에 큰 부담감을 가질 가능성이 높다. 한편 초급 한국어 교재에 비해 중급 한국어 교재와 고급 한국어에 제시된 연결어미 항목이 적은 편이다. 또한 중급 교재와 고급 교재에 제시되어 있는 연결어미 항목이 상이해서 체계적이지 못한 한 단면을 보여주고 있다. 이런 연결어미 항목의 분포가 고르지 못한 현상은 한국어능력시험(TOPIK) 결과에도 직접적인 영향을 미칠 수 있기에 체계적인 교육용 연결어미를 단계별로 선정할 필요가 더욱 크다. 따라서 효과적인 단계별 연결어미 선정의 일환으로 위에 제시된 연결어미들을 높은 빈도순에 따라 차례대로 정리해 보면 다음 〈표 25〉와 같다.

〈표 25〉 한국어교육기관의 한국어 교재에 쓰인 연결어미의 빈도수

No.	급	연결어미	빈도	비고
1	초	-고	5	나열
2	초	-아서/-어서/-여서	5	이유
3	초	-(으)면	5	
4	초	-지만	5	
5	초	-(으)니까	5	이유
6	초	-(으)러	5	
7	초	-(으)려고	5	
8	초	-아야/-어야/-여야	5	
9	초·중	-(으)면서	5	(초_4, 중_1)[6]
10	초·중	-(으)ㄴ데/-는데	5	(대조_4, 배경_1)
11	초	-거나	4	
12	초·중	-아도/-어도/-여도/-라도	4	(초_1, 중_3)
13	초·중	-자마자	4	(초_1, 중_3)

14	초·중·고	-게	4	(초_1, 중_2, 고_1)
15	중	-도록	4	
16	중·고	-ㄹ지라도	4	(중_2, 고_2)
17	초	-다가	3	
18	초·중	-길래	3	(중_2, 고_1)
19	중	-거든	3	
20	중	-느라고	3	
21	중·고	-며	3	(중_2, 고_1)
22	고	-되	3	
23	고	-느니	3	
24	고	-자	3	
25	초	-아서/-어서/-여서	2	순차
26	초	-려면	2	
27	중	-(으)ㄴ지/-는지	2	
28	중·고	-고자	2	(중_1, 고_1)
29	중·고	-든지	2	(중_1, 고_1)
30	고	-(으)ㄴ들	2	
31	고	-다시피	2	
32	초	-고	1	선후
33	초	-고	1	계기
34	초	-아서/-어서/-여서	1	지속
35	초	-아서/-어서/-여서	1	계기
36	중	-기에	1	
37	중	-(으)므로	1	
38	중	-든가	1	
39	중	-ㄴ데도/-는데도	1	
40	중	-아야지/-어야지/-여야지	1	
41	중	-(으)니까	1	배경
42	고	-고서	1	
43	고	-건만	1	
44	고	-(으)ㄹ래야	1	
45	고	-(으)니	1	나열

이상의 〈표 25〉에서 보는 바와 같이 1번에서 8번까지의 연결어미는 5개 기관의 한국어 교재 중 초급 단계에서 공동으로 모두 출현한 연결어미들이다. 그만큼 이 8개 연결어미는 사용 빈도가 높으며 초급 단계에서 꼭 가르쳐야 할 항목이란 점을 시사하고 있다. 선택의 의미를 나타내는 연결어미 '-거나'는 서울대학교 교재를 제외한 나머지 교재들에서는 모두 초급 단계에서 제시하고 있는데, 이 항목도 초급에서 제시하는 것이 바람직하다. 그리고 '-(으)면서'와 '-아도/-어도/-여도/-라도', '-자마자'는 초급과 중급에서 모두 출현한 항목들이다. 이와 같은 경우 단계별로 제시된 빈도수에 따라서 분류하고자 한다. '-(으)면서'는 초급에서 4회, 중급에서 1회 나타났으므로 초급의 교육 항목으로 선정한다. 나머지 연결어미 '-아도/-어도/-여도/-라도'와 '-자마자'는 초급에서 1회, 중급에서 3회 나타났으므로 이 항목들은 중급의 교육 항목으로 선정한다. 연결어미 '-게' 같은 경우는 유일하게 초급과 중급, 고급에서 모두 출현하였는데 그중에서도 중급에서의 출현 빈도가 가장 높기에 중급의 교육 항목으로 지정한다. 그러나 39번 항목인 '-ㄴ데도/-는데도'는 연결어미 '-ㄴ데/-는데'와 조사 '도'가 결합된 형태로 사용 빈도가 높지 않은 것이기 때문에 교육용 연결어미 목록에서 제외시키기로 한다. 또한 빈도수에 따라 초급에서 제시한 연결어미지만 빈도가 낮으면 중급으로, 빈도가 낮은 중급 연결어미는 고급으로 상향 조절하여 선정한다. 이러한 방식으로 중급과 고급까지의 모든 연결어미를 분석하여 단계별 교육용 연결어미의 목록을 작성하여 제시하면 다음의 〈표 26〉과 같다.

〈표 26〉 급별 한국어 교재에 쓰인 연결어미의 목록

급별	연결어미
초급	-고(나열), -아서/-어서/-여서(이유), -(으)면, -(으)니까,

6) 이는 연결어미 '-(으)면서'가 초급에서 4회, 중급에서 1회 출현하였음을 나타내며 이하 동일함.

〈총 11개〉	-(으)ㄴ데/-는데(대조), -(으)러, -(으)려고, -(으)면서 -아야/-어야/-여야, -지만, -거나, -다가
중급 〈총 15개〉	-아도/-어도/-여도/-라도, -자마자, -게, -(으)ㄹ지라도, -(으)ㄴ데/-는데(배경), -도록, -길래, -거든, -느라고, -며, -(으)ㄴ지/-는지, -려면, -고(계기, 선후), -아서/-어서/-여서(순차, 계기, 지속)
고급 〈총 16개〉	-되, -느니, -자, -고자, -든지, -(으)ㄴ들, -다시피, -기에, -(으)므로, -든가, -아야지/-어야지, -(으)니까(배경), -고서, -건만, -(으)ㄹ래야[7], -(으)니(나열)

4.1.3. 외국인을 위한 교육용 연결어미 선정

외국인 학생에게 적합한 교육용 연결어미를 선정하기 위해 앞에서 중국인 학습자의 초급·중급·고급 작문 자료를 분석하고, 한국의 초등학교 국어 읽기 교과서와 한국의 5개 대학의 한국어교육기관에서 편찬한 외국어로서의 한국어 교재에 쓰인 연결어미를 분석하였다. 따라서 이 연구에서는 앞서 살펴본 교과서 분석 결과[8]와 중국어권 한국어 학습자의 작문에 나타난 연결어미 빈도수[9]를 토대로 외국인 학습자를 위한 교육용 연결어미 목록을 최종적으로 선정하여 제시하고자 한다. 이상 자료들을 비교하여 초급에서 공통으로 제시된 고빈도 연결어미는 초급 연결어미 목록으로 하고, 초급에서도 저빈도로 제시된 연결어미는 중급 연결어미 목록으로 선정한다. 그리고 중급에서 공통으로 제시된 고빈도 연결어미는 중급 연결어미 목록으로 하고 저빈도로 제시된 연결어미는 고급 연결어미 목록으로 한다. 끝으로 나머지 연결어미들은 모두 고급 연결어미 목록으로 정한다. 이런 방법으로 외국인 학습자를 위한 교육용 연결어미 목록을

7) '-(으)ㄹ래야'는 '-려야'의 잘못된 표현이기에 외국인을 위한 교육용 연결어미 선정에서 제외시키기로 한다.

8) 제4장에서의 〈표 23〉과 〈표 26〉을 참고함.

9) 제3장에서의 〈표 7〉, 〈표 10〉, 〈표 13〉, 〈표 16〉을 참고함.

작성하면 다음 〈표 27〉과 같다.

〈표 27〉 외국인 학습자를 위한 교육용 연결어미의 목록

급별	연결어미
초급	-거나, -고(나열, 순서), -ㄴ(으)데/-는데(대조), -(으)니/-(으)니까, -다가, -(으)러, -(으)려고, -(으)면, -(으)면서, -아서/-어서/-여서/-라서(이유, 순서), -아야/-어야/-여야, -지만
중급	-고(수단·방법, 계기, 이유), -아서/-어서/-여서(계기), -도록, -아도/-어도/-여도/-라도, -ㄴ(으)데/-는데(배경), -(으)ㄴ지/-는지, -느라고, -다고, -다면, -게, -더니, -더라도, -길래, -듯(이), -ㄹ수록, -라고, -라면, -려면, -며, -(으)므로, -ㄹ지라도, -자마자
고급	-고서, -거든, -기에, -든지, -거니와, -건만, -고도, -고자, -ㄴ즉/-는즉, -나, -느니, -다니, -되, -ㄹ뿐더러, -라, -아서야/-어서야/-여서야, -자, -지, -(으)ㄴ들, -(으)니(나열), -다시피, -아야지/-어야지/-여야지

현행 한국 초등학교 국어 읽기 교과서와 5개 한국어교육기관의 외국어로서의 한국어 교과서에 쓰인 연결어미 빈도 분석 결과와 각 단계별 중국인 학습자의 작문에 쓰인 연결어미 빈도와 오류 양상을 고려하여 위의 〈표 27〉과 같이 외국인 학습자를 위한 교육용 연결어미 목록을 작성하였다. 앞서 살펴본 세 가지 자료에 쓰인 연결어미를 모두 교육용 연결어미로 선정하였으며, 출현 빈도와 사용 빈도에 따라서 급별로 나누어 제시하였다. 이러한 목록은 추후에 중국어권 한국어 학습자를 위한 한국어 교과서나 문법서를 편찬할 때 도움을 줄 것이다. 왜냐하면 현행 사용되고 있는 한국어 교과서를 보면 연결어미가 주로 한국어 초급 교재에 대량으로 제시되고 중급 교재나 고급 교재에서는 연결어미에 대한 언급이 점점 줄어든다. 또한 한국어 중급 교재와 고급 교재에 제시된 연결어미의 항목이 상이하다. 실제로 한국어능력시험(TOPIK)에 쓰인 연결어미의 실태를 살펴보면 한국어 교재에 제시되어 있는 연결어미 외의 연결어미도 많이 쓰이고 있다. 이러한 현상은 그러한 교재로 한국어를 학습하는 외국인 한

국어 학습자에게 불이익을 주고 불만족하게 할 수 있다. 따라서 이상의 〈표 27〉에서 제시한 교육용 연결어미 목록을 실제 한국어교육 현장에 적용시킬 필요가 있다.

이 책에서는 위의 〈표 27〉의 교육용 연결어미 목록 가운데 중급에서 사용 빈도가 높으면서 오류 빈도도 높으며 기존의 연구에서 많이 연구되지 않은 연결어미를 선택하여 의미적 특성과 통사적 특성을 살펴보고, 그러한 연결어미의 교수-학습안을 모색하고자 한다.

우선 외국인 학습자의 중급 작문에 쓰인 연결어미의 오류 빈도를 고빈도 순에 따라 정리해 보면 다음 〈표 28〉과 같다.

〈표 28〉 중국인 학습자의 중급 작문에 쓰인 연결어미의 오류

오류 유형 / 연결어미	의미적 오류	통사적 오류	형태적 오류	합계
-아서/-어서/-여서	9	1	16	26
-(으)면	4	5	6	15
-(으)니까	4	1	4	9
-(으)ㄴ데/-는데	4	0	4	8
-(으)면서	2	1	3	6
-고	3	2	1	6
-아도/-어도/-여도/-라도	1	2	1	4
-지만	2	1	0	3
-다면	0	0	3	3
-(으)니	1	0	1	2
-(으)러	2	0	0	2
-자마자	0	0	2	2
-다가	1	0	0	1

위의 〈표 28〉에서 보다시피 연결어미 '-아서/-어서/-여서'와 '-(으)면', '-(으)니까', '-(으)ㄴ데/-는데', '-(으)면서', '-고' 등은 사용 빈도가 높은 만큼 오류 빈도도 높게 나타났다. 이 중에서도 의미적 오류를 가장 많이

범한 연결어미는 '-아서/-어서/-여서'이며 그 버금으로는 '-(으)면', '-(으)니까', '-(으)ㄴ데/-는데' 등이다. '-(으)ㄴ데/-는데'를 제외한 이 연결어미들은 사용 빈도도 높고 오류 빈도도 높기 때문에 기존의 연구에서 많이 연구된 바 있다. 기존의 연구들에서 주로 어떤 연결어미에 대해 연구해 왔는지를 전체적으로 살펴보기 위해 지금까지의 연결어미 관련된 연구들을 의미별로 정리하여 보았다.

먼저 지금까지 가장 많이 연구된 인과 표현 연결어미 관련 논문들부터 정리해 보고자 한다.

〈표 29〉 인과 표현 연결어미 관련 기존 연구

선행 연구	연구 대상 연결어미
朴性玟(1993), 왕정춘(2003), 이정란(2003), 정은경(2009), 박미경(2010), 김희정(2011), 이운혜(2011), 이가(2012), 김숙자(2013), 대사화미(2013), LiuLu(2013), 소홍(2013), 牛永麗(2013), 최은미(2013)	-아서/-어서, -니까
牟善芹(2008)	-어서, -니까, -느라고, -길래
반초(2014)	-아서, -느라고
박대범(2008), 孫曉宇(2012), 이효정(2011)	-아서, -니까, -므로, -느라고, -기에, -길래
안연진(2011), 양명화(2010)	-아서, -니까, -므로, -느라고, -길래
이수진(2014)	-아서, -니까, -느라고
임지숙(2009)	-아서/-어서
임태운(2009)	-아서, -니까, -았더니
駱莎(2012), 전인숙(2014), 徐瀟瀟(2012)	-아서, -니까, -므로, -느라고
지아씨아오(2012)	-아서/-어서, -니까, -느라고, -므로, -더니, -았더니/-었더니
胡叢叢(2012)	-아서, -니까, -므로, -느라고, -길래

위의 〈표 29〉에서 보는 바와 같이 인과 표현 관련 논문은 대략 29편으로서 지금까지의 연결어미 관련 연구 중에서 가장 많은 편이다. 그중에서도 외국인 학습자가 가장 어려워하고 오류 빈도가 높은 '-아서/-어서/-여서'와 '-니까'의 구분을 위한 연구가 14편으로서 가장 많다. 그 외의 논문들은 연구 대상이 다양한데 이들이 연구한 연결어미를 열거해 보면 '-(으)므로, -느라고, -기에, -길래, -더니' 등이 있다. 인과 표현 연결어미 관련 선행 연구가 가장 많기는 한데 이것에 대한 박사 학위 논문은 한 편도 없다.

다음은 두 번째로 연구가 많은 조건 표현 관련 선행 연구들을 정리하여 보면 아래 〈표 30〉과 같다.

〈표 30〉 조건 표현 연결어미 관련 기존 연구

선행 연구	연구 대상 연결어미
김형옥(1994), 하정문(2007), 이순정(2009), 왕영영(2010), 초아매(2011), 나혜숙(2012), 陳琳(2012), 최예리(2012), 오항우(2013)	-(으)면, -거든, -어야
성선월(2001)	-(으)면, -거든, -어야, -던들, -ㄹ진대
尹敬愛(2008)	-(으)면, -거든, -어야, -려면, -다면, -라면, -더라면, -노라면
이문용(2010)	-(으)면, -거든, -어야, -든(지)
임지아(2010)	-(으)면, -거든, -어야, -(으)려면
程誠(2012)	-(으)면, -다면, -어야
주서(2012)	-(으)면
왕묘페이(2013)	-(으)면, -거든, -어야, -다면, -더라면, -(으)려면, -(이)라면
왕루한(2014)	-(으)면, -거든, -어야, -다면, -더라면

위의 〈표 30〉에서 보다시피 조건 표현 연결어미 관련된 선행 연구는 모두 17편이며 이 중 박사 논문은 2편이다. 기존의 선행 연구들에서 다룬 조건 관계 연결어미들을 열거해 보면 '-(으)면, -거든, -다면, -(이)라면, -더라면, -(으)려면, -아야/-어야, -노라면, -던들, -(으)ㄹ진대' 등 10개 정도 된다. 이 중에서 공통적으로 가장 많이 다룬 연결어미는 '-(으)면, -거든, -아야/-어야'인데, 이 세 가지 연결어미만을 연구한 논문이 9편이다.

다음은 세 번째로 연구가 많이 된 시간 표현 관련 연구들을 살펴보려고 한다. 시간 표현 관련 연구는 대략 16편인데 이 중에는 시간의 의미를 순서, 동시, 계기의 의미로 세분하여 살펴본 논문도 여러 편이 있다. 관련 내용을 구체적으로 정리해 보면 다음 〈표 31〉과 같다.

〈표 31〉 시간 표현 연결어미 관련 기존 연구

<table>
<tr><th>의미</th><th colspan="2">선행 연구</th><th>연구 대상 연결어미</th></tr>
<tr><td rowspan="10">시간 표현</td><td colspan="2">김경화(2011)</td><td>-고, -아서/-어서, -(으)며, -(으)면서, -자, -자마자, -다가, -아다가/-어다가, -더니</td></tr>
<tr><td colspan="2">蘇文娟(2010)</td><td>-고, -(으)면서</td></tr>
<tr><td colspan="2">연봉월(2009)</td><td>-아서/-어서</td></tr>
<tr><td colspan="2">魏 娜(2010)</td><td>-고서, -아서/-어서, -(으)며, -(으)면서, -자, -자마자</td></tr>
<tr><td colspan="2">이수연(2011)</td><td>-고, -고서, -다, -다가, -(으)며, -(으)면서, -아, -아서, -자, -자마자</td></tr>
<tr><td colspan="2">장 한(2014)</td><td>-고, -아서/-어서, -(으)면서, -자마자</td></tr>
<tr><td colspan="2">진평자(2014)</td><td>-고, -아서/-어서, -(으)며, -(으)면서, -자, -자마자, -다가</td></tr>
<tr><td rowspan="3">순서</td><td>김동수(2011)</td><td>-고, -아서/-어서</td></tr>
<tr><td>박소라(2010)</td><td>-고, -고는, -고서, -고서는, -아서/-어서, -자, -자마자,</td></tr>
<tr><td>윤혜선(2013)</td><td>-고, -아서/-어서, -다가</td></tr>
</table>

		李文君(2011)	-아서/-어서[10]
		임지숙(2009)	-아서/-어서
	계기	류선영(2006)	-아서/-어서
	동시	박소라(2010)	-(으)며, -(으)면서,
		袁 園(2009)	-(으)면서[11]
		李文君(2011)	-(으)면서

위의 〈표 31〉에서 제시한 바와 같이 기존에 연구된 시간 표현 관련 연결어미 항목으로는 '-고(서), -아서/-어서, -(으)며, -(으)면서, -자마자, -자, -다가, -더니' 등이 있다. 그중에서도 '-고'와 '-아서/-어서' 그리고 '-(으)면서'에 대한 연구가 가장 많다. 그만큼 이 세 연결어미의 사용 빈도가 높은 만큼 오류 발생률도 높다는 것을 보여 준다.

다음은 네 번째로 많이 연구된 양보 표현 관련된 선행 연구는 다음 〈표 32〉와 같다.

〈표 32〉 양보 표현 연결어미 관련 기존 연구

선행 연구	연구 대상 연결어미
왕수려(2009)	-아도/-어도, -더라도, -(으)ㄹ지라도, -(으)ㄹ망정, -(으)ㄹ지언정, -(으)ㄴ들, -았자
권수정(2010), 최금자(2011),	-아도/-어도, -더라도, -(으)ㄹ지라도,

10) 李文君(2011)에서는 '순서'를 나타내는 연결어미 '-아서/-어서'를 주로 다루었으며 학습자가 '순서'와 헷갈려서 어려워하는 '방법・수단'의 의미도 함께 비교 제시하였다.

11) 袁園(2009)에서는 '-(으)면서'는 '동시' 의미를 가진 상태에서 '원인 배경, 방식 배경, 상태 배경' 등 의미도 가진다고 밝혔다.

공혜남(2012)	-(으)ㄹ망정, -(으)ㄹ지언정, -(으)ㄴ들
박경남(2012)	-아도/-어도, -더라도, -(으)ㄹ지라도, -(으)ㄴ들
CongNi(2012)	-아도/-어도, -(으)ㄴ들
이약진(2013), 쉬옌보(2014), 오열명(2014)	-아도/-어도, -더라도, -(으)ㄹ지라도

위의 〈표 32〉에서 보다시피 양보 표현 관련 학위 논문은 대략 9편 정도로써 다른 의미 표현 연결어미에 비해 연구가 적은 편이다. 선행 연구들에서 다룬 양보 표현 연결어미 항목들로는 '-아도/-어도, -더라도, -(으)ㄹ지라도, -(으)ㄹ망정, -(으)ㄹ지언정, -(으)ㄴ들, -았자' 등이 있다. 이 중에서도 '-아도/-어도, -더라도, -(으)ㄹ지라도'에 대한 연구가 많은 편이다. 외국인 학습자는 '인과'나 '조건' 등의 의미에 비해 '양보'라는 추상적인 문법적 의미를 잘 이해하지 못한다. 따라서 이와 관련된 논문이 추후에 더욱 많이 연구되어야 한다.

목적 표현 연결어미에 관한 선행 연구는 다음 〈표 33〉과 같다.

〈표 33〉 목적 표현 연결어미 관련 기존 연구

선행 연구	연구 대상 연결어미
김동숙(2010)	-려고
한예진(2010)	-(으)러, -(으)려고, -려, -고자, -게, -도록
최지희(2010), 이미정(2012), 장지현(2013), 甯珂(2014), 왕기(2014)	-(으)러, -(으)려고, -고자, -게, -도록

위의 〈표 33〉을 보면 목적 표현 관련 선행 연구는 7편이며, 연구 대상인 연결어미들로는 '-(으)러, -(으)려고, -려, -고자, -게, -도록' 등이 있다. 그런데 장효우(2007)에서는 '-(으)려고'와 '-고자'를 의도 표현 연결

어미로 간주하고 있다. 이와 같이 연결어미 '-려고'와 '-고자'는 의도와 목적 두 가지 의미 사이에서 학자에 따라 의견이 서로 다르다는 것을 알 수 있다.

다음 〈표 34〉는 대립 표현 관련된 선행 연구들을 정리한 것이다.

〈표 34〉 대립 표현 연결어미 관련 기존 연구

선행 연구	연구 대상 연결어미
유혜령(1993)	-지만, -으나, -어도
유금화(2014)	-(으)련마는/-련만

위의 〈표 34〉에서 보다시피 대립 표현 관련 연결어미를 다룬 논문은 많지 않으며 개별 항목으로는 '-지만, -으나, -어도, -(으)련마는/-련만' 등이 있다. 이것들 가운데 '-(으)련마는/-련만'은 한국어 교재에서 쓰이지 않고 있다.

연결어미 '-(으)ㄴ데/-는데'에 관한 선행 연구는 다음의 〈표 35〉와 같다.

〈표 35〉 연결어미 '-(으)ㄴ데/-는데'에 관한 기존 연구

선행 연구	의미
안나영(2011)	배경, 대조, 비교, 제안
구민영(2012)	배경, 대조, 설명, 환경, 이유, 양보
이윤(2014)	배경/상황, 대조/양보, 설명, 근거
손박(2014)	배경, 대조, 설명, 양보, 근거 제시

위의 〈표 35〉에서 보는 바와 같이 연결어미 '-(으)ㄴ데/-는데'는 의미 분화가 심한 연결어미 중의 하나이다. 그렇기 때문에 '-(으)ㄴ데/-는데'는 외국인 학습자가 비교적 오류를 많이 범하는 연결어미이기도 하다. 그러나 이것의 형태적·의미적·통사적·화용적 특성에 관한 연구는 많이 이루어지지 않은 실정이다.

지금까지 이루어진 인과 표현 연결어미에 관한 기존 연구가 29편으로 가장 많고, 그다음으로는 조건 표현 연결어미에 관한 연구가 17편, 시간 표현 연결어미에 관한 연구가 16편, 양보 표현 연결어미에 관한 연구가 9편, 목적 표현 연결어미에 관한 연구가 7편, '-(으)ㄴ데/-는데'가 4편, 대립 표현 연결어미 관한 연구가 2편이다. 이 중에서 인과 표현과 조건 표현, 시간 표현 관련된 연결어미들은 사용 빈도와 오류 빈도가 높으나 기존 연구에서 많이 연구가 되었기에 이 논문의 연구 대상에 해당되지 않는다. 지금까지 사용 빈도와 오류 빈도가 높은데 기존의 연구에서 많이 다루지 않은 연결어미로는 '-아도/-어도/-여도/-라도'와 '-(으)ㄴ데/-는데'이다. 따라서 이 연구에서는 이 두 연결어미에 대해 의미적 특성과 통사적 특성을 구체적으로 살펴보고자 한다.

4.2. 연결어미의 의미적·통사적 특성

이 절에서는 위에서 살펴본 바와 같이 사용 빈도와 오류 빈도가 높은데 기존의 연구에서 많이 다루지 않은 연결어미 '-아도/-어도/-여도/-라도'와 '-(으)ㄴ데/-는데'에 대해 의미적 특성과 통사적 특성을 아래와 같이 구체적으로 살펴보고자 한다.

4.2.1. 연결어미 '-아도/-어도/-여도/-라도'의 의미적·통사적 특성

우선 연결어미 '-아도/-어도/-여도/-라도'의 의미적 특성에 대해 고찰해 보고자 한다.

1) 의미적 특성12)

연결어미 '-아도/-어도/-여도/-라도'의 의미는 학자에 따라 '양보', '사

12) 이 부분의 내용은 손경애(2012: 7~29)의 내용을 재정리함.

실 방임', '가정', '대립', '대조', '첨가', '강조', '기대 부정' 등으로 다양하게 분석하고 있다. 따라서 여기에서는 우선 기존 연구에서 다룬 '-아도/-어도/-여도/-라도'의 의미를 학자에 따라 정리해 보고, 이 중에서 학자들이 보편적으로 많이 다루고 있으며 또한 의미 해석에 있어 논란의 여지가 높은 이들 의미에 한해 재고하려고 한다. 연결어미 '-아도/-어도/-여도/-라도'의 의미에 대한 기존 연구는 다음 〈표 36〉과 같다.

〈표 36〉 '-아도/-어도/-여도/-라도'의 의미에 대한 기존 연구

출처	의미	의미 설명 및 예문
최현배 (1975: 304)	참일 놓는꼴 (事實放任形)	참일(事實)임을 인정하되, 그것이 그 다음의 말의 내용이 들어남에는 상관이 없음을 보이는 꼴. 〈보기〉 아무나 와도 좋다. 불을 암만 때어도, 방은 덥지 않으니, 웬 일인가? 이 땅에는 씨를 심어도, 잘 나지 아니한다.
이기동 (1977: 131~134)	첨가	〈보기〉 A: 비가 오니 다리가 쑤신다. B: 난 구름만 끼어도 그렇게 된다.
	대조	두 문장 사이의 관계가 대조되는 낱말에 의해서 이루어지는 경우. 첫 접속절에 제한사 '는'이 쓰이면 대조의 뜻이다. 〈보기〉 창수는 가도 명수는 안 간다.
	양보	두 문장 사이의 관계가 기대나 예상이 어그러질 때 나타나는 경우. 첫 접속절에 제한사 '가'가 쓰이면 양보의 뜻이다. 〈보기〉 창수가 가도 명수는 안 간다.
蔡連康 (1985: 111, 176)	대립	〈對立〉은 화자가 선행문에 대한 긍정적인 판단을 가지면서, 후행문에 긍정적인 내용이 올 것을 기대하고 있으나, 결과적으로 후행문은 이러한 기대를 부정하는 의미를 동반하는 경우이다. 〈보기〉 강추위가 왔어도 강물이 얼지 않았다. 아버지는 키가 작아도 아들은 키가 크다.
	양보	〈讓步〉는 앞의 사실을 긍정하기는 하나 뒤에 부정적

		인 사실을 함축하는 경우이다. 〈보기〉 그 친구가 입대했어도 우리는 슬프지 않다. 하늘이 무너져도 솟아날 구멍은 있다.
윤평현 (1989: 43~58)	양보(가정) (핵심적 의미)	**일반적인 예상**이 전제되면서, **기대의 어긋남**을 수용하는 접속어미를 양보 관계로 의미 설정함. 〈보기〉 시험에 합격해도, 나는 진학할 수 없다. 순희가 붙잡아도, 영수는 떠날 것이다.
	부차적 의미	
	가정 (복합 가정)	선행절이 외연의 의미와 함축의 의미를 모두 지니기에 복합 가정으로 설정함. 〈보기〉 비가 와도 떠나겠다.
	강조	선행절이 후행절 화행의 강조를 위해 쓰임. 〈보기〉아인슈타인이 풀어도, 이 문제는 풀 수 없다. 하늘이 무너져도 솟아날 구멍이 있다.
	첨가	〈보기〉 누워 있어도, 허리는 아플 것이다. 난 구름만 끼어도, 다리가 쑤신다.
	대립(사실)	〈보기〉 장미는 아름답다 해도 가시가 사납다. 철수는 와도 영호는 안 온다.
	이의(異義)	〈보기〉 순희는 얼굴은 예뻐도, 마음씨는 곱지 않다. 남편은 와도, 아내는 오지 않을 것이다.
서정섭 (1991: 38~52)	대립	선 · 후행절의 주어가 서로 다르거나, 서술어가 서로 대립되는 경우, 사실 명제만을 선행절로 한다. 〈보기〉 형은 빨간색을 좋아해도 동생은 싫어한다. 영희는 집에 있어도 철수는 학교에 갔다.
	양보	양보는 대립 관계를 포함한 기대 부정의 관계에서 나타나며, 사실명제와 가정명제를 모두 선행절로 한다. 〈보기〉 철수는 가난해도 행복하다. 밥을 먹어도 배가 고프다.
이은경 (2000: 242~249)	후행절이 예상과 다른 결과	〈보기〉배가 아파도 병원에 가지 않는다.
	대조	화자의 예상이 개입된 선행절과 후행절의 대조. 〈보기〉배가 아파도 병원에 가지 않는다.

연구자	의미	설명 및 보기
권수정 (2010: 52~54)	조건	〈보기〉 그녀는 아무리 바빠도 꼭 아침을 챙겨 먹는다.
	가정	〈보기〉 로또에 당첨되어도 회사를 계속 다닐 것이다.
	기대의 부정	〈보기〉 아버지께서는 몸이 아파도 약을 먹지 않는다.
이익섭 (2007: 377~381)	Ⅰ 양보	선행절과 후행절의 내용이 반대 방향임을 나타냄. 〈보기〉 하늘이 무너져도 솟아날 구멍이 있다. 양반은 얼어 죽어도 곁불은 쬐지 않는다.
	Ⅱ 대립	〈보기〉 장마 끝은 있어도 가뭄 끝은 없다. 여자는 약하여도 어머니는 강하다.
김종록 (2008: 382~404)	Ⅰ 대립·대조	서로 내용상 '상반'되거나 '대립'되는 두 구절을 연결해 주는 기능. (☞ ' …-는데 반해') 〈보기〉 영수는 축구는 잘 해도 야구는 잘 못 한다.
	Ⅱ 양보	앞절의 동작이나 상태를 인정함에도 불구하고, 뒷절에 화자가 예상하거나 기대했던 동작이나 상태가 나타나지 않는 관계가 되도록 연결해주는 기능. (☞ '비록 …-지라도', ' …음에도 불구하고') 〈보기〉 영수는 키가 작아도 농구를 잘 한다.
허용 외 (2014: 308)	양보 - 가정	미래에 일어날 일을 가정하여 표현한 것. 〈보기〉 아무리 높은 자리를 주어도 그 회사는 안 간다.
	양보 - 인정	현재의 상황을 바탕으로 표현한 것. 〈보기〉 그는 중학교밖에 안 나왔어도 아는 것은 많다.
서희정·홍윤기 (2010: 185~205)	가정	〈보기〉 저는 아무리 피곤해도 운동은 꼭 하고 잡니다.
	대립	〈보기〉 아무리 찾아도 내 안경이 안 보이는데요.
이희자·이종희 (2010: 819~822)	가정하여 양보	아직 일어나지 않은 일을 가정하지만, 뒷절에는 그와 반대되거나 기대에 어긋나는 부정적인 사실이 옴을 나타냄. 〈보기〉 비바람이 불어도 운동회를 할 겁니다.
	단순 가정	단순 가정을 나타냄. 〈보기〉 나 같아도 서운했겠는데.
	대립적인 사실	대립적인 사실을 나타냄. 〈보기〉 비가 와도 바람은 불지 않는다.

위의 〈표 35〉를 보면 연결어미 '-아도/-어도/-여도/-라도'의 의미를 최현배(1975: 304)에서는 '참일 놓는꼴', 이은경(2000: 242~249)에서는 '후행절이 예상과 다른 결과', 권수정(2010: 52~54)에서는 '기대의 부정'으로 의미를 설정하고 있는데 이것들도 '양보'의 의미를 함의하고 있다. 따라서 위에 학자들이 '-아도/-어도/-여도/-라도'의 의미를 설정한 데에 있어 공통적인 의견으로 모을 수 있는 부분은 '양보'와 '대립' 또는 '대조', '가정' 등의 의미들이다. 다음은 이 세 가지 의미에 대해 구체적으로 고찰해 보고자 한다.

① **'양보'**

선행 연구를 살펴보면 연결어미 '-아도/-어도/-여도/-라도'가 '양보'의 문법적인 의미를 나타내는 연결어미로 보는 견해가 지배적이다. 그런데 학자들 간에 '-아도/-어도/-여도/-라도'의 의미 분석이 상이하다. 이와 같은 결과를 초래한 것은 문법학자들의 언어 능력이 서로 다르고, 그들이 직관으로 연결어미의 의미를 파악하기 때문이다.

(1) 두 문장 사이의 관계가 기대나 예상이 어그러짐. (이기동, 1977:131)
(2) 앞의 사실을 긍정하기는 하나 뒤에 부정적인 사실을 함축함. (蔡連康, 1985:176)
(3) 선행절과, 선행절에 의해서 예상되는 내용에 어긋나는 내용인 후행절을 이어 주는 접속어미. (윤평현, 1989:36)
(4) 화자의 전제된 기대를 부정하는 즉 전제된 기대에 상반되는 명제가 나타나는 것. (서정섭, 1991:41)
(5) 선행절과 후행절의 내용이 반대 방향임을 나타냄. (이익섭, 2007:328)
(6) 앞 절의 동작이나 상태를 인정함에도 불구하고, 뒷절에 화자가 예상하거나 기대했던 동작이나 상태가 나타나지 않음. (김종록, 2008:398)
(7) 가정 상황에서 나타나는 기대의 부정을 나타냄. (서희정·홍윤기, 2010:185,186)

위에 제시한 '-아도/-어도/-여도/-라도'의 의미들은 표면적으로 드러나는 의미가 비슷해 보이지만, 조금씩 다르게 분석하고 있음을 알 수 있다. 의미를 설정함에 있어 선행절에 초점을 두느냐, 아니면 후행절에 초점을 두느냐, 아니면 선행절과 후행절 전체적인 맥락에 초점을 두느냐에 따라 의미 설정이 달라질 수 있다. 전반적으로 볼 때 위의 '양보'의 의미 설정에서는 후행절에 초점이 놓였다고 볼 수 있다. 즉 선행절이 그 어떤 조건을 가지든 후행절은 그 기대에 미치지 못하고 어긋난다는 점에서 '양보'의 공통적인 의미를 찾을 수 있다.

그런데 문제는 선행절이다. 선행절의 의미 설정에 따라서 '양보'의 의미 설정이 엇갈리는 경우가 있다. 우선 蔡連康(1985), 윤평현(1989), 김종록(2008)에서 내린 '양보'의 정의를 보면 선행절에서 어떤 조건을 양보하더라도 그 결과로서 기대되는 내용이 부정됨을 나타낸다. 여기서 선행절의 의미를 기술함에 있어 사용한 용어에 주목할 필요가 있는데, 蔡連康(1985)에서는 '긍정', 윤평현(1989)에서는 '예상', 김종록(2008)에서는 '인정'이라는 용어를 사용하고 있다. 이 용어들의 표현의 차이에 따라 '양보'의 의미 설정이 달라질 수 있다. 즉 선행절에서 일어나는 사건이나 어떤 동작과 상태에 대해 '인정' 또는 '긍정' 한다는 것은 선행절을 사실명제[13]로 간주한다는 것이다. 예를 들어,

(8) 가. 그 친구가 입대했<u>어도</u> 우리는 슬프지 않다.(蔡連康, 1985:176)
나. 영수는 키가 작<u>아도</u> 농구를 잘 한다. (김종록, 2008:383)

예문 (8가), (8나)를 보면 '친구가 입대했다'는 내용이나, '영수가 키가

---

13) 서정섭(1991:11)에서는 선행절의 명제 내용을 '가능세계의 명제'와 '현실세계의 명제'로 구분하였는데, '현실 세계의 명제'를 '단순히 사실을 진술'하는 경우와 '사실을 축소 또는 확대하여 진술'하는 경우로 구분하였다. 이에 대해 권수정(2010:55)에서는 서정섭(1991)에서 제시한 '현실세계의 명제'를 '사실 명제'로 재설정하였다. 이 연구에서도 이해를 돕기 위해 '사실 명제'라는 용어를 쓰고자 한다.

작다'는 내용은 모두 실제로 일어난 사건이거나 실제로 존재하는 상황이기에 선행절은 사실명제이다. 윤평현(1989:36)에서는 선행절 내용이 사실이면 대립 관계 접속어미로, 사실이 아닌 가정이면 양보 관계 접속어미로 보아야 한다고 서술하고 있다. 그렇다면 예문 (8가), (8나)에서의 연결어미 '-아도/-어도/-여도/-라도'는 대조 관계 연결어미로 간주해야 한다는 것이다. 즉 선행절이 사실명제이면 후행절을 이어주는 연결어미는 대조 관계를 나타낸다는 것이며, 따라서 '양보'의 의미 속에는 '대조'의 의미가 함축되어 있다는 것이다.

윤평현(1989)에서는 '예상'이라는 용어를 사용하였는데, 선행절에서 '예상이 전제' 된다는 것은 '양보'라는 의미 속에 '가정'이라는 의미가 내포되어 있음을 짐작할 수 있다.

(9) 가. 시험에 합격해도, 나는 진학할 수 없다. (윤평현, 1989:43)
　　나. 순희가 붙잡아도, 영수는 떠날 것이다. (윤평현, 1989:40)

예문 (9가)를 보면, 두 가지 의미가 내포되어 있다. 하나는 시험에 합격하지 못해 진학할 수 없다는 내용이다. 다른 하나는 시험에 합격했다고 가정을 해도 등록금 문제나 기타 어떤 예의치 않은 상황으로 인해 시험에 합격했음에도 불구하고 진학을 할 수 없게 된다는 의미이다. 따라서 이 예문의 선행절은 가능명제[14]라 볼 수 있다. 즉 아직 일어나지 않은 앞으로의 일을 가정한 것으로 볼 수 있다. 예문 (9나)도 마찬가지이다.

이와 같이 기존의 연구를 보면 양보 관계를 나타내는 연결어미의 의미 분석에 있어 학자마다 해석에 차이가 있다는 것을 알 수 있다. 즉 선행절

14) 서정섭(1991:11)에서는 선행절의 명제 내용을 '가능세계의 명제'와 '현실세계의 명제'로 구분하였는데, '가능 세계의 명제'를 '불가능한 일을 가능한 것으로 가정', '앞으로의 일을 가정', '지난 일을 가정', '일반 원리(진리)를 진술'로 설정하였다. 이에 대해 권수정(2010:55)에서는 서정섭(1991)에서 제시한 '가능 세계의 명제'를 '가능명제'로 재설정하였다. 본서에서도 이해를 돕기 위해 '가능 명제'라는 용어를 쓰고자 한다.

을 사실명제로 보느냐 아니면 가능명제로 논의하느냐에 따라 양보의 의미가 대립이 될 수 있고, 가정이 될 수도 있으며, 나아가서는 대립과 가정의 의미를 공유하는 의미로 해석될 수도 있다. 이러한 고찰을 통해 연결어미 '-아도/-어도/-여도/-라도'가 '양보'의 의미를 나타내지 않는 경우에도 '양보'의 의미를 나타내는 것으로 기술하는 것은 합당한 것이 아니라는 것을 알 수 있다.

그리고, '양보'의 의미는 단어로 쓰일 때와 연결어미의 의미를 설명하는 문법적 용어[15])로 쓰일 때 나타나는 뜻이 달라서, 특히 외국인 학습자는 혼란스러워한다.

(10) 가. 봄이 <u>오면</u> 꽃이 핀다. (조건 관계)

---

15) 〈조선말 대사전〉

양보 「명」 ① (길, 자리, 물건 같은것을 남이 먼저 가거나 앉거나 가지도록 내주고 물러나는것). ‖ 협조와 ~의 정신. § ② 자기의 권리나 의견을 내세우지 않고 남에게 넘기거나 내주고 물러서는 것. |계급투쟁에서 양보란 굴복을 의미한다. § ③ 「언어」 조선말의 도움토나 접속토 같은데서 류사한 다른 더 좋은 것과 련관시켜서 말하는 방법의 하나. 어떤 더 좋은 것은 바라지 못하고 그만 못하는 것이나마 양보해서 취한다는 관계를 나타낸다. 도움토 '나, 나마, 라도, 마저, 조차', 접속토 '아도/어도/여도, 더라도, ㄹ망정, ㄹ지언정, ㄹ지라도' 등으로 나타낸다. '연필이나마 주시오'에서의 '연필이나마'는 더 좋은 만년필을 주면 더 좋고 양보해서 그만 못한 '연필'이라도 달라는 관계를 나타낸다. 讓步 양보하다 #$ 「동」 (자)

〈연세한국어사전 1998:1254〉

양보: ① (먼저 어떤 일을 하라고 남에게 길이나 자리, 물건 등을) 내주고 물러나는 것. ¶승부의 세계에는 한치의 양보도 있을 수 없었다. ② 자기의 생각이나 주장을 굽혀 남의 의견을 따르는 것. ¶합작 회사 비율을 50대 50으로 하자는 것은 나로서는 대단한 양보였다.

'조선말 대사전'에서는 '양보'의 의미를 어휘적인 측면과 문법적인 측면에서 모두 기술하고 있다. 그런데 '연세국어사전'을 비롯한 기타 '표준 국어 대사전', '우리말 큰사전'에서는 모두 '양보'라는 단어가 갖는 어휘적인 의미만 기술할 뿐 '조선말 대사전'처럼 문법적 의미에 대해서는 전혀 다루지 않고 있는 셈이다. 때문에 '-아도/-어도/-여도/-라도'를 '양보'라는 용어로 의미를 설정했을 때 학습자가 더 큰 이질감을 느끼는 것으로 생각된다.

나. 봄이 오니 꽃이 핀다. (인과 관계)
다. 봄이 왔으나 꽃은 피지 않는다. (대립 관계)

위 예문 (10)처럼 '조건', '인과(이유·원인)', '대립' 등 연결어미의 의미를 나타내는 용어에 대해서는 학습자가 누구나 쉽게 이해를 하는데, 유독 '양보'라는 용어에 대해 어려워한다.

(11) 가. 버스에서 자리를 양보해요.
나. 약을 먹기 싫어도 먹어야 해요.

서희정·홍윤기(2010:191)에서 고급 한국어 학습자 22명을 대상으로 '양보'에 대한 이해도를 구두로 질문한 결과, 예문 (11가)처럼 '양보'가 단어로 쓰일 때는 전원이 '뜻을 알고 있다'고 답했지만, 예문 (11나)에서 '-어도'가 나타내는 의미 '양보'와 (11가)에서 단어로 쓰인 '양보'의 의미가 동일하다고 생각하는가에 대한 질문에서는 전원이 '그렇지 않다'고 답한 것으로 조사되었다고 한다. 따라서 외국인 학습자를 대상으로 '양보'의 의미를 가르칠 때는 '양보'의 개념에 대한 명확한 설명이 필요하다.

② '조건'

연결어미 '-아도/-어도/-여도/-라도'가 '事實 放任'이나 '假定'의 의미를 나타내는 것으로 간주하는 문법학자가 있다. 최현배(1975:304)에서는 연결어미 '-아도/-어도/-여도/-라도'를 '참일 놓는 꼴(事實放任形)'이라고 한다. 그 의미는 선행절이 참일(事實)임을 인정하되, 그것이 그 다음의 말의 내용이 들어남에는 상관이 없음을 보이는 꼴이라는 것이다.

(12) 가. 불을 암만 때어도, 방은 덥지 않으니, 웬 일인가. (최현배, 1975:304)
나. 이 땅에는 씨를 심어도, 잘 나지 아니하다.(최현배, 1975:304)

예문 (12)에서 선행절 '불을 때다'와 '씨를 심다'는 전체적인 맥락에서 보면 참일(事實)이다. 그런데 다음 예문 (13)을 보면 참일(事實)만이 선행 조건이 되는 것이 아니다.

(13) 가. 시험에 합격<u>해도</u>, 나는 진학 할 수 없다.
  나. 하늘이 무너<u>져도</u>, 솟아날 구멍은 있다.

이상의 예문 (13가), (13나)를 보면 선행절 '시험에 합격하다'와 '하늘이 무너지다'는 이미 일어난 사실이 아니라 만약의 경우를 조건으로 세운 것이다. 흔히 이러한 조건을 '가정'이라고 하는데 '가정'이란 용어가 적절하지 않으므로 이 연구에서는 '가정'이란 용어 대신 자질로 설명하고자 한다. 즉 사실을 나타내는 조건인 경우는 [+사실] 조건, 사실이 아니거나 사실인지 아닌지 불분명한 것을 사실처럼 설정하는 경우는 [-사실] 조건으로 간주한다. 이런 의미에서 볼 때 예문 (13가), (13나)에서의 선행절은 [-사실] 조건인 것이다. 즉 '합격을 할 수도 있고 못 할 수도 있는 아직은 모르는 사실이지만, 합격 여부를 떠나서 진학하지 못 하는 결과는 변함없는 사실이다'는 것이다. 이렇게 '-아도/-어도/-여도/-라도'는 선행절이 [+사실] 조건과 [-사실] 조건이 모두 포함되기에, 이를 '사실 방임'이라던가 또는 '가정'이라고 보는 것은 의미가 완전하지 못하며, 또한 포괄적인 의미가 못 된다.

③ '대립' 또는 '대조'

연결어미 '-아도/-어도/-여도/-라도'의 문법적인 의미를 '대립'16) 혹은

---

16) '대립'의 사전적인 의미는 다음과 같다.
  ㄱ. (어떤 일에 대한 생각이) 둘이 서로 반대되거나 맞지 않는 것. (연세대학교 언어정보개발연구원, 연세한국어사전, 1998)
  ㄴ. 의견이나 처지, 속성 따위가 서로 반대되거나 모순됨. 또는 그런 관계. (국립

'대조'[17]로 기술하는 문법학자가 있다.

기존 연구를 정리해 보면 김종록(2008:382)에서는 '대립·대조', 서정섭(1991)에서는 '대립', 서희정·홍윤기(2010:185)에서는 '대립', 윤평현(1989)에서는 '대립', 이기동(1977:129)에서는 '대조', 이은경(2000:242)에서는 '대조', 이익섭(2007:377)에서는 '대립'의 의미로 분석하고 있다.

서정섭(1991:39)에서는 '대립'의 의미는 선행절과 후행절의 주어가 서로 다르거나, 또는 서술어가 서로 대립을 이루는 경우에 나타난다고 한다. 사전적 의미대로라면 '대립'은 어떤 생각이나 의견 등이 서로 반대되거나 맞지 않다는 의미로서 서정섭(1991)에서 제시한 '대립'의 의미는 '대조'에 더욱 가깝다.

또한 이은경(2000)에서는 '대립'을 단순한 선행절과 후행절 내용의 대조로 보고 있는데, 여기서 제시한 예문 "배가 아파도 병원에 가지 않는다."에서 선·후행절의 내용이 대조되는 것 보다는 서로 모순되기에 오히려 '대립'으로 보는 것이 더욱 적절하다.

이처럼 '-아도/-어도/-여도/-라도'는 상황에 따라 선행절과 후행절이 '대조'적인 내용이 될 수도 있고 '대립'되는 내용도 될 수 있기에 이 연구에서는 김종록(2008)에서처럼 '대립·대조'의 의미로 분석한다.

중국어에는 '양보(讓步)'라는 연사(連詞)[18]가 있다. 예를 들면 '雖然,

국어원, 표준국어대사전, 1999)

17) '대조'의 사전적인 의미는 다음과 같다.
ㄱ. 둘 이상의 것을 맞대어 비교하여 보는 것. (연세대학교 언어정보개발연구원, 연세한국어사전, 1998)
ㄴ. 서로 반대되는 차이, 또는 그러한 차이를 보이는 것. (연세대학교 언어정보개발연구원, 연세 한국어사, 1998)
ㄷ. 둘 이상인 대상의 내용을 맞대어 같고 다름을 검토함.(국립국어원, 표준국어대사전, 1999)
ㄹ. 서로 달라서 대비가 됨. (국립국어원, 표준국어대사전, 1999)

18) 연사(連詞)는 단어나 구절, 또는 문장과 단락을 이어주는 역할을 하며, 순수한

固然, 盡管, 卽使' 등이 중국어의 양보 연사이다. 그런데 이 연사들은 단독으로 쓰일 때는 '양보'의 의미 기능을 할 수 없으며, 보통 '전절(轉折)'19)의 관계를 나타내는 연사 '可是, 但是, 還是, 然而, 却' 등과 같이 호응된다. 즉 선행절에는 양보표현 연사가 붙고, 후행절의 시작에 '전절(轉折)' 표현 연사가 붙어서 '양보'의 의미를 나타낸다.

(14) 가. 她**雖然**很胖, **但是**重来不失去信心。
(그녀는 뚱뚱해도 자신을 잃은 적이 전혀 없다.)
나. 他**盡管**身体不好, **可是**仍然坚持工作。
(그는 건강이 좋지 않아도 여전히 일을 계속한다.)
다. 工作**固然**很重要, **但是**身体要紧。
(일이 중요하다 해도 건강이 최우선이다.)
라. **卽使**神仙来了, **也**帮不了我。
(신이 내려와도 나를 도울 수 없다.)

이상의 예문 (14가)~(14라)를 보면 양보표현 연사와 '전절(轉折)' 표현 연사가 함께 '雖然…但是', '盡管…可是', '固然…但是', '卽使…也' 등 형태로 쓰여서 '양보'라는 의미 기능을 수행한다는 것을 알 수 있다. 이는 중국어의 '양보'라는 의미 속에 '대립・대조'의 의미가 공존하고 있다는 것을 시사한다. 때문에 중국어에 '양보'라는 표현이 있음에도 불구하고 중국인 학습자는 오히려 '전절(轉折)'의 의미로 받아들이는 경우가 더 많다. 그런데 다음 예문 (15)를 보면 양보 표현 연사가 주된 의미라는 것을 알 수 있다.

(15) 가. 她**雖然**很胖, **但是**重来不失去信心。
(그녀는 비록 뚱뚱해도 자신을 잃은 적이 전혀 없다.)

연결성만 갖고 있을 뿐 수식 기능도 없으며, 문장성분도 담당할 수 없는 품사이다.

19) 중국어의 '전절(轉折)'의 의미는 한국어에서의 '대립・대조'와 비슷한 의미이다.

나. 她很胖，但是重来不失去信心。
(그녀는 뚱뚱하지만 자신을 잃은 적이 전혀 없다.)

예문 (15가)와 (15나)를 보면 의미의 차이가 있다. 예문 (15가)와 (15나)는 모두 '그녀가 자신을 잃은 적이 전혀 없다'는 결과를 보여준다는 면에서 공통점을 갖고 있지만, 선행절의 내용에 있어서는 차이를 보인다. 예를 들면 (15나)에서 선·후행절 사이에는 단순한 의미를 전환시키는 '대립·대조'의 의미만 갖는다. 즉 선행절로부터 후행절의 내용을 직접 이끌어내지 못한다는 것이다. 단순히 '그녀가 뚱뚱하다'로부터 '자신감이 있다' 또는 '자신감이 없다'는 결과를 도출해내기 어려우며, 오직 선행절과 후행절을 포함한 전체 문맥 속에서 만이 '대립·대조'의 의미를 알 수 있다. 그런데 예문 (15가)는 다르다. 비록 '대립·대조'의 의미가 다분하지만 양보의 의미가 더 크다. 그것은 양보표현 연사 '雖然'이 있기에 이로부터 후행절에는 선행절과 반대되는 내용이 올 것이라는 일반적인 생각이 전제되기 때문이다. 즉 '사람이 뚱뚱하면 당연히 자신감이 없을 것이다'라고 생각하기 마련이지만, 양보표현 연사 '雖然'이 쓰임으로 인해 후행절에는 이러한 일반적인 생각과는 다른 내용이 올 것이라는 것을 미리 알 수 있다는 것이다. 이는 한국어에서 연결어미 '-아도/-어도/-여도/-라도'가 갖는 양보 의미구조와 매우 흡사하기 때문에 중국인 학습자를 가르칠 때에는 중국어의 한 예를 들어 '양보'의 의미를 설명할 수 있다.

위에서 살펴본 바와 같이 이 연구에서는 연결어미 '-아도/-어도/-여도/-라도'의 의미를 '양보', '조건 (〈±사실〉조건)', '대립·대조' 등 세 가지로 설정한다.

2) 통사적 특성

연결어미 '-아도/-어도/-여도/-라도'가 문장 속에서 어떤 통사적인 제약을 받는지에 대해서 다음과 같이 크게 5가지로 나누어서 살펴보기로 한다.

① 선행절과 후행절의 주어 일치의 제약이 없다.

(16) ㄱ. 세진이는 아파도 (세진이는) 병원에 가지 않는다.
ㄴ. 폭설이 내려도 나는 등산을 갈 것이다.

예문 (16ㄱ)에서 선행절과 후행절의 주어는 모두 '세진이'로서 동일 주어이다. 그리고 예문 (16ㄴ)에서는 선행절의 주어는 무정명사인 '폭설'이고 후행절의 주어는 유정명사인 '나'로서 선행절과 후행절의 주어는 서로 다르다. 위의 예문들에서 보다시피 연결어미 '-아도/-어도/-여도/-라도'는 선행절이든 후행절이든 주어가 자유롭게 쓰일 수 있기에 주어 일치 제약을 받지 않다는 것을 알 수 있다. 또한 주어는 유정명사나 무정명사 모두 가능하다.

② 시제 선어말어미의 제약을 받는다.

시제 선어말어미 중에는 제약을 받는 것도 있고 받지 않는 것도 있다. 구체적으로 살펴보면 다음과 같다.

연결어미 '-아도/-어도/-여도/-라도'는 선행절이 현재형일 때 후행절의 서술어는 그 어떤 시제의 제약도 받지 않는다.

(17) ㄱ. 물을 아무리 마셔도 갈증이 풀리지 않는다.
ㄴ. 물을 아무리 마셔도 갈증이 풀리지 않았다.
ㄷ. 물을 아무리 마셔도 갈증이 풀리지 않을 것이다.

예문 (17)에서 살펴보다시피 연결어미 '-아도/-어도/-여도/-라도'는 선행절이 현재형일 때는 후행절이 (17ㄱ)처럼 현재형이든, (17ㄴ)처럼 과거형이든, (17ㄷ)처럼 미래형이든 모두 시제의 제약을 받지 않는다.

연결어미 '-아도/-어도/-여도/-라도'는 과거 시제 선어말어미 '-았-/-었-/-였-'과 결합할 때도 제약을 받지 않는다.

(18) ㄱ. 세진이는 열심히 다이어트를 <u>했어도</u> 날씬해 보이지 않는다.
ㄴ. 날마다 <u>달렸어도</u> 살은 조금도 빠지지 않았다.

예문 (18)을 보다시피 선행절은 과거시제와 결합해도 아무 문제가 되지 않는다. 그리고 선행절이 과거형일 때 후행절은 현재형이나 과거형 모두 자연스럽다. 따라서 연결어미 '-아도/-어도/-여도/-라도'는 과거 선어말어미와 결합함에 있어 전혀 제약을 받지 않다는 것을 알 수 있다.

그러나 연결어미 '-아도/-어도/-여도/-라도'는 미래 시제 선어말어미 '-겠-'과 결합할 때는 제약을 받는다.

(19) ㄱ. *아무리 밥맛이 <u>없겠어도</u> 건강을 생각해야죠.
ㄴ. *내일 학교에 <u>가겠어도</u> 수업은 하지 않을 거예요.

예문 (19)에서 보다시피 연결어미 '-아도/-어도/-여도/-라도'는 미래 시제 선어말어미인 '-겠-'과 결합할 때는 문장이 자연스럽지 않다.

위에서 살펴본 바와 같이 '-아도/-어도/-여도/-라도'는 시제 선어말어미와 결합함에 있어 현재형이나 과거형을 나타내는 시제 선어말어미와의 결합에 있어서는 그 어떤 제약도 받지 않는데, 유독 미래를 나타내는 선어말어미와 결합할 때는 제약을 받는다.

③ 선행절의 서술어 제약을 받지 않는다.

연결어미 '-아도/-어도/-여도/-라도'는 선행절의 서술어 기능을 하는 동사, 형용사의 어간과 서술격 조사와의 결합에 있어 제약이 없다.

(20) ㄱ. 바람이 불어도 시원하지가 않다.
ㄴ. 아무리 아파도 참아야 한다.
ㄷ. 같은 눈물이라도 더욱 값진 눈물이 있다.
ㄹ. 비싼 집이 아니라도 나는 행복하다.

위 예문들의 선행절의 서술어를 차례로 보면 예문 (20ㄱ)은 동사, (20ㄴ)은 형용사, (20ㄷ)은 서술격 조사 '이다', (20ㄹ)은 서술격 조사 '아니다'인데, 이들이 연결어미 '-아도/-어도/-여도/-라도'와 결합할 때 전혀 제약을 받지 않는다. 다만 서술격 조사인 '이다', '아니다'와 결합할 때는 '-아도/-어도/-여도/-라도'가 '-(이)라도'로 형태가 바뀐다. 따라서 연결어미 '-아도/-어도/-여도/-라도'와 결합하는 선행절의 서술어에는 제약이 없다.

④ 후행절의 서법 제약을 받지 않는다.

(21) ㄱ. 아무리 미워도 욕하면 안 된다.
ㄴ. 아무리 미워도 욕하면 안 돼요?
ㄷ. 아무리 미워도 욕하지 마세요.
ㄹ. 아무리 미워도 욕하지 맙시다.
ㅁ. 아무리 미워도 욕하면 되는가!

예문 (21ㄱ)는 평서문, (21ㄴ)은 의문문, (21ㄷ)은 명령문, (21ㄹ)은 청유문, (21ㅁ)은 감탄문인데 연결어미 '-아도/-어도/-여도/-라도'는 이 모든 문장들과 잘 어울려 쓸 수 있기에 서법 제약이 없다.

⑤ 부정부사 '안'과 '못'과 공기할 때 제약을 받지 않는다.

(22) 가. 지금 비가 안 와도 우산은 가지고 가.
나. 피아노 잘 못 쳐도 피아노는 꼭 사고 싶어요.

예문 (22가, 나)는 연결어미 '-아도/-어도/-여도/-라도'가 부정부사 '안'과 '못'과 결합한 문장인데 모두 자연스럽다. 그래서 연결어미 '-아도/-어도/-여도/-라도'는 부정부사 '안'과 '못'과의 결합에 있어 제약을 받지 않는다.

위에서 살펴본 바와 같이 연결어미 '-아도/-어도/-여도/-라도'의 통사적 특성을 정리하여 보면 다음 〈표 37〉과 같다.

〈표 37〉 '-아도/-어도/-여도/-라도'의 통사적 특성

<table>
<tr><td colspan="2">주어 일치 제약</td><td>없음</td></tr>
<tr><td rowspan="2">시제 선어말어미 제약</td><td>현재 시제, 과거 시제</td><td>없음</td></tr>
<tr><td>미래 시제</td><td>있음</td></tr>
<tr><td colspan="2">선행절 서술어 제약</td><td>없음</td></tr>
<tr><td colspan="2">후행절 서법 제약</td><td>없음</td></tr>
<tr><td colspan="2">부정부사 '안'과 '못'과의 결합 제약</td><td>없음</td></tr>
</table>

4.2.2. 연결어미 '-(으)ㄴ데/-는데'의 의미적·통사적 특성

우선 연결어미 '-(으)ㄴ데/-는데'의 의미적 특성에 대해 고찰해 보고자 한다.

1) 의미적 특성

연결어미 '-(으)ㄴ데/-는데'의 의미는 학자에 따라 '대립', '대조', '설명', '배경', '이유·원인', '원인·근거', '시간', '상황', '양보' 등으로 다양하게 분석하고 있다. 따라서 여기에서는 우선 기존 연구에서 다룬 '-(으)ㄴ데/-는데'의 의미를 학자에 따라 정리해 보고, 이 중에서 학자들이 보편적으로 많이 다루고 있으며 또한 의미 해석에 있어 논란의 여지가 높은 이

들 의미에 한해 재고하려고 한다. 연결어미 '-(으)ㄴ데/-는데'의 의미에 대한 기존 연구는 다음 〈표 38〉과 같다.

〈표 38〉 '-(으)ㄴ데/-는데'의 의미에 대한 기존 연구

출처	의미		의미 설명 및 예문
최현배 (1959: 303~304)	풀이꼴 (說明形)	바른 풀이 (順說)	그 아래에 그 일이 순하게 더 되어 가는 모양을 더 달아서 풀이하는 것. (本質的 용법) 〈보기〉 ㄱ. 그 절에서는 여러 사람들이 놀이를 차렸는데 : 별별 기구가 다 모혔읍데다.
		거스른 풀이 (逆說)	그 일이 다음에는 그것과 반대되는 일이 되어 감을 풀이하는 것. (제2차적 용법) 〈보기〉 ㄱ. 약은 많이 먹었는데, 병은 낫지 아니한다.
서정수 (1973: 96~98)	시간 제시		주문장에 의하여 표현되는 명제나 사태 발생의 시간적 상황을 제시한다. 〈보기〉 ㄱ. 밤은 깊은데 주위는 고요하다. ㄴ. 내가 집에 가는데 비가 왔다.
	대조 상황 제시		주문장에 의하여 표시되는 내용과 대조되는 내용을 도입한다. 〈보기〉 ㄱ. 아이들이 일하는데 어른이 논다.
	설명, 주제의 제시		뒤따르는 주문장에서 설명 또는 부연할 대상을 제시하는 경우. 〈보기〉 ㄱ. 어제 손님이 오셨는데 그분이 내 은사입니다.
	이유, 근거 제시		주문장에 의하여 표현되는 내용의 이유 또는 근거를 제시하는 경우. 〈보기〉 ㄱ. 벌써 아침인데 일어나셔요.
蔡連康 (1985: 97~163)	理由 (97~98쪽)		〈보기〉 ㄱ. 자정이 넘었는데 일찍 돌아가라. ㄴ. 형편이 어려운데 좀 도와주십시요.
	對立 (119쪽)		先行文과 後行文이 의미상으로 對立되거나 反對되는 뜻을 가짐. 〈보기〉 ㄱ. 나는 이 글을 읽는데 모른다.
	說明 (139쪽)		接續文에서 先行文에 대한 後行文의 說明 또는 부연할 경우를 이르는 것.

<table>
<tr><td rowspan="2"></td><td colspan="2"></td><td>〈보기〉 ㄱ. 이것은 새로 나온 실크인데, 무늬가 참 곱습니다.</td></tr>
<tr><td colspan="2">時間
(163쪽)</td><td>先行文이 일어나고 있는 狀況에서 어떤 제 2의 行爲나 狀況이 일어나는 때를 나타나는 경우.
〈보기〉 ㄱ. 날이 밝은데 닭이 운다.
ㄴ. 내가 김군에게 무엇인가 설명을 해주고 있는데 박군이 다가왔다.</td></tr>
<tr><td rowspan="3">전혜영
(1989:
64~128)</td><td>대표
의미</td><td>설명
(127,
128쪽)</td><td>선행절이 상황을 설명·제시하거나 후행절의 내용을 부연하여 설명을 하는 구문을 이른다.
〈보기〉 ㄱ. 책을 보는데 자꾸 졸음이 온다.</td></tr>
<tr><td rowspan="2">화용
상
관계
의미</td><td>대립
(64쪽)</td><td>선행절의 내용과 후행절의 내용이 화용의미상 대립적으로 나타나는 구문을 말한다.
〈보기〉 ㄱ. 아버지는 키가 큰데 아들이 키가 작다.</td></tr>
<tr><td>이유·
원인
(125,
126쪽)</td><td>'-(으)ㄴ데'가 나타내는 [설명]의 상황이 인과적으로 해석될 수 있는 경우에 한한다.
〈보기〉 ㄱ. 영수가 왔는데 커피 좀 끓여라.</td></tr>
<tr><td rowspan="2">이주행
(2006:
218, 281)</td><td colspan="2">기대에
어긋나거나
맞섬</td><td>어떤 주체의 행위가 화자의 기대에 어긋나거나 맞섬을 뜻함.
〈보기〉 ㄱ. 그 여자는 착한데, 그녀의 딸은 악하다.</td></tr>
<tr><td colspan="2">설명</td><td>선행절에서 후행절의 사건이 일어나는 상황적 배경을 제시하는 관계.
〈보기〉 ㄱ. 오늘 날씨가 좋은데 등산이나 함께 가자.</td></tr>
<tr><td rowspan="3">손재은
(2007:
187~204)</td><td colspan="2">대립</td><td>선행절이 후행절에 어떠한 영향을 미치는 것이 아니라 단순히 대립관계를 나타냄.
〈보기〉 ㄱ. 언니는 예쁜데 동생은 예쁘지 않아요.
ㄴ. 동생은 예쁘지 않은데 언니는 예뻐요.</td></tr>
<tr><td colspan="2">배경 설명</td><td>화자는 선행절에 후행절의 사태를 기술하기 위해서 적절한 배경을 도입함.
〈보기〉 ㄱ. 어제 영화를 봤는데 정말 재미있었어.</td></tr>
<tr><td colspan="2">양보 설명</td><td>선행절의 명제에 대한 내용을 양보하고서도 후행절의 내용을 주장하거나 진술함.
〈보기〉 ㄱ. 겨울인데 춥지가 않다.</td></tr>
</table>

	이유 제시		후행절에서 상대방에게 지시, 명령, 제시 혹은 제의하기 위해 선행절에 그 근거를 마련함. 〈보기〉 ㄱ. 늦었는데 빨리 하세요.
이희자· 이종희 (2010: 819~822)	상황·배경		뒷절에 대한 설명이 되는 배경을 제시함을 나타냄. 〈보기〉 ㄱ. 내일이 친구 생일인데 뭘 사면 좋을까요?
	대립		앞절과 뒷절에 대립되는 내용이 옴. 〈보기〉 ㄱ. 저도 공부를 하고 싶었는데 할 수 가 없었습니다.
임지아 (2010: 193~194)	배경	상황· 배경	명령을 하거나 묻기 전에 그 상황이나 배경 등을 제시할 때 사용됨 〈보기〉 ㄱ. 날씨가 추운데 집에 빨리 갑시다.
		일반적 인 상황	어떤 사실을 소개하기 위하여 일반적인 상황을 제시할 때 사용됨. 〈보기〉 ㄱ. 거실에서 책을 보고 있는데 초인종이 울렸어요.
		원인· 근거	뒤에 나오는 행동의 원인이나 근거를 나타냄. 〈보기〉 ㄱ. 오늘은 피곤한데 좀 쉽시다.
김향숙 (2012:66)	背景이나 狀況		후행절의 배경이나 상황을 제시할 때 쓰임. 〈보기〉 ㄱ. 시장에 가는데 부탁할 게 있으면 말해라. ㄴ. 숙제를 하고 있는데 전화벨이 울렸다.
최주희 (2013: 133~163)	핵심 의미	배경 설정	청자가 후행절의 내용을 잘 받아들일 수 있도록 화자가 선행절에 그 배경을 설정하여 제시하는 것. 〈보기〉 ㄱ. 나도 그 얘기 들었는데 정말 충격이었어.
		상세 설명	선행절에서 대상이나 주제와 같은 기본적인 정보가 제시되고 후행절에서 그에 대한 세부적인 정보나 부가적인 설명을 덧붙이는 것. 〈보기〉 ㄱ. 미국 사람인데 한국 여자와 결혼해서 한국에서 산다.
권재일 (2014: 174~177)	[나열 관계] 상황의 설명·제시		선행절과 후행절의 연결이 [동시성]인데, 주로 상황의 설명·제시를 나타냄. 〈보기〉 ㄱ. 내가 텔레비전을 보고 있는데, 전화벨이 울렸다.

위의 〈표 38〉을 보면 연결어미 '-(으)ㄴ데/-는데'는 학자에 따라 그 의미를 '대립', '대조', '설명', '배경', '이유·원인', '원인·근거', '시간', '상황', '양보' 등으로 많이 나누고 있지만 공통적으로 설정하고 있는 의미는 '대립'과 '배경이나 상황에 대한 설명'으로 압축시킬 수 있다.

연결어미 '-(으)ㄴ데/-는데'의 의미를 최현배(1959: 303, 304)에서는 대체적으로 '설명'의 의미로 다루면서 두 가지 경우로 세분했는데, 하나는 '바른 풀이'로서 본질적 용법이라 규정하고 다른 하나는 '거스른 풀이'인데 제 2차적 용법으로 다루었다. 그 해석과 예문을 통해 알 수 있다시피 '바른 풀이'는 '배경 설명'의 뜻이고 '거스른 풀이'는 '대립'의 뜻이다. 전혜영(1989:64~128)에서는 연결어미 '-(으)ㄴ데/-는데'의 의미를 대표 의미인 '설명'과 화용상 관계 의미인 '대립', '이유·원인'으로 설정하였다. 그리고 최주희(2013:133~163)에서는 '-(으)ㄴ데/-는데'를 '배경 설정'과 '상세 설명' 등 두 가지 의미를 핵심 의미로 선정하였다. 또 임지아(2010:193~194)에서는 '-(으)ㄴ데/-는데'의 의미를 '상황·배경', '일반적인 상황', '원인·근거' 등 세 가지로 나눌 수 있는데 이들은 모두 '배경' 의미에 내포된다고 제시하였다. 이와 같이 기존 연구들에서 제시한 연결어미 '-(으)ㄴ데/-는데'의 의미들을 종합해 보면 '배경이나 상황에 대한 설명'의 의미로 설정하는 것이 가장 유력하다.

간혹 학자에 따라 '이유'나 '원인' 또는 '근거'로 설정하는 경우도 있으나 이는 지나치게 의미를 세분화한 것으로 마땅히 '배경이나 상황에 대한 설명'에 포함시켜야 할 것이다. 서정수(1973)과 손재은(2007)에서는 '이유'와 '원인' 등 의미를 따로 설정하였는데 그 예를 통해 구체적으로 분석해 보고자 한다.

(1) ㄱ. 날씨가 추운데 들어 가셔요. (서정수, 1973:96)
ㄴ. 벌써 아침인데 일어나셔요. (서정수, 1973:98)
ㄷ. 늦었는데 빨리 하세요. (손재은, 2007:196)

예문 (1ㄱ)에서 들어가라고 권하는 이유가 날씨가 춥기 때문이고, (1ㄴ)에서 일어나라고 하는 이유는 이미 아침이기 때문이며, (1ㄷ)에서 빨리 하라고 재촉하는 이유는 이미 늦었기 때문이다. 이러한 맥락에서 볼 때 위의 세 문장에 쓰인 '-(으)ㄴ데/-는데'는 확실히 '이유'나 '원인'의 의미가 다분하다. 그렇다면 세 문장에 쓰인 연결어미 '-(으)ㄴ데/-는데'를 모두 '이유·원인'을 나타내는 연결어미 '-(으)니까'로 바꿔 살펴보고자 한다.

(2) ㄱ. 날씨가 추우<u>니까</u> 들어 가셔요.
ㄴ. 벌써 아침이<u>니까</u> 일어나셔요.
ㄷ. 늦었으<u>니까</u> 빨리 하세요.

예문 (1ㄱ), (1ㄴ), (1ㄷ)을 위의 예문 (2ㄱ), (2ㄴ), (2ㄷ)처럼 연결어미 '-(으)ㄴ데/-는데'를 모두 '이유·원인'을 나타내는 연결어미 '-(으)니까'로 바꾸어 쓰면 모두 자연스러운 문장이 된다. 그런데 전체적인 문맥을 볼 때 예문 (2ㄱ), (2ㄴ), (2ㄷ) 등은 어떤 행동을 지시하거나 권하는 그 이유를 말해 주는 데 초점이 있는데, 예문 (1ㄱ), (1ㄴ), (1ㄷ) 등은 어떤 행동을 지시하거나 권하기 위한 이유보다는 그런 상황이라고 설명해 주는 데 초점이 있다. 따라서 '-(으)ㄴ데/-는데'의 의미를 해석함에 있어 '이유·원인'은 '배경 설명'이란 의미 속에 포함시키는 것이 더욱 합리적이다.

다음은 '시간' 의미로 설정한 예문들을 보겠다.

(3) ㄱ. 내가 집에 가<u>는데</u> 비가 왔다. (서정수, 1973:97)
ㄴ. 내가 김군에게 무엇인가 설명을 해주고 있<u>는데</u> 박군이 다가왔다. (蔡連康, 1985:163)

예문 (3ㄱ)은 집에 가는 시간과 비가 오는 시간이 일치하기에 동시성을 나타낸다. 예문 (3ㄴ)도 무엇인가 설명해 주고 있는 시간 때와 박군이

다가오는 시간 때가 일치하므로 역시 동시성을 나타낸다. 따라서 연결어미 '-(으)ㄴ데/-는데'를 '시간'의 의미로 설정하는 것은 문제가 되지 않는다. 그런데 전체 문장의 맥락에서 볼 때 선행절과 후행절의 사건이 동시에 일어나는 시간적인 의미를 강조하는 데 초점이 있는 것이 아니라, 어떤 상황 또는 배경 하에서 후행절의 사건이 발생했는가 하는 것을 설명해 주는 데에 초점이 있다. 즉 예문 (3ㄱ)에서 비가 오는데 어떤 상황에서 오냐 하면 내가 집에 가는 길에 온다는 뜻이고, 예문 (3ㄴ)에서도 박군이 다가오는 그 상황이 바로 내가 김군에게 무엇인가 설명을 해 주고 있는 상황이라는 것을 설명해 주는 것이다. 따라서 '-(으)ㄴ데/-는데'의 의미를 해석함에 있어 '시간'은 '배경이나 상황에 대한 설명'이란 의미 속에 포함시키는 것이 더욱 합리적이다.

2) 통사적 특성

연결어미 '-(으)ㄴ데/-는데'가 문장 속에서 어떤 통사적인 제약을 받는지에 대해서 다음과 같이 크게 5가지로 나누어서 살펴보기로 한다.

① 선행절과 후행절의 주어 일치의 제약이 없다.

(4) ㄱ. 비가 오는데 세진이는 밖에서 기다리고 있다.
ㄴ. 세진이는 예쁜데 (세진이는) 마음까지도 착하다.

예문 (4ㄱ)에서 선행절의 주어는 '비'이고 후행절의 주어는 '세진이'이다. 그리고 예문 (4ㄴ)에서 선행절의 주어는 '세진이'이고 후행절의 주어는 문장 속에서 직접 드러나지 않지만 선행절과 동일 주어인 '세진이'이다. 위의 예문 (4ㄱ), (4ㄴ)에서 보다시피 연결어미 '-(으)ㄴ데/-는데'는 선행절과 후행절의 주어가 다를 수도 있고 같을 수도 있기 때문에 주어 일치 제약을 받지 않음을 알 수 있다. 또한 주어는 유정명사나 무정명사 모두 가능하다.

② 시제 선어말어미 제약을 받는다.

연결어미 '-(으)ㄴ데/-는데'는 과거 시제 선어말어미일 때나 미래 시제 선어말어미일 때나 모두 제약을 받게 된다. 구체적으로 살펴보면 다음과 같다.

연결어미 '-(으)ㄴ데/-는데'는 선행절이 과거 시제 선어말어미 '-았-/-었-/-였-'과 결합할 때 제약이 있다.

(5) ㄱ. *집에 도착하는데 갑자기 회사에서 전화가 왔다.
ㄴ. 집에 도착했는데 갑자기 회사에서 전화가 왔다.
ㄷ. 집에 도착했는데 갑자기 회사에서 전화가 온다.

연결어미 '-(으)ㄴ데/-는데'는 (5ㄱ)처럼 선행절이 현재 시제이고 후행절이 과거 시제이면 비문법적인 문장이 된다. 그러나 예문 (5ㄴ)처럼 선행절과 후행절이 모두 과거 시제이거나 또는 예문 (5ㄷ)처럼 선행절이 과거 시제, 후행절이 현재 시제이면 문제가 없다. 따라서 연결어미 '-(으)ㄴ데/-는데'는 후행절이 과거 시제일 때는 선행절에 반드시 과거 시제를 사용해야 한다.

연결어미 '-(으)ㄴ데/-는데'는 미래 시제 선어말어미 '-겠-'과 결합할 때도 제약이 있다.

(6) *내일 MT 가겠는데 비가 온다는 것 같아요. (×)

예문 (6)을 보다시피 연결어미 '-(으)ㄴ데/-는데'는 미래 시제 선어말어미 '-겠-'과 결합할 때는 문장이 자연스럽지 않다. 따라서 연결어미 '-

(으)ㄴ데/-는데'는 미래 시제 선어말어미의 제약을 받는다.

③ 선행절의 서술어 제약을 받지 않는다.

선행절의 서술어 기능을 하는 동사, 형용사의 어간과 서술격 조사와의 결합에 제약이 없다.

(7) ㄱ. 빨래를 하는데 비가 왔어요.
ㄴ. 날씨가 더운데 냉면 먹을까요?
ㄷ. 집에 가는 길인데 데려다 줄게요.
ㄹ. 성수기도 아닌데 여행객들이 너무 많네요.

위 예문들의 선행절의 서술어를 차례로 보면 예문 (7ㄱ)은 동사, (7ㄴ)은 형용사, (7ㄷ)은 서술격 조사 '이다', (7ㄹ)은 서술격 조사 '아니다'인데, 이들이 연결어미 '-(으)ㄴ데/-는데'와 결합할 때 전혀 제약을 받지 않는다. 따라서 연결어미 '-(으)ㄴ데/-는데'와 결합하는 선행절의 서술어에는 제약이 없다.

④ 후행절의 서법 제약을 받지 않는다.

(8) ㄱ. 바람이 세게 부는데 밖에서 일하고 있다.
ㄴ. 오늘 주말인데 어디 가세요?
ㄷ. 꽃이 예쁜 것 같은데 생일 선물로 사 주세요.
ㄹ. 함박눈 내리는데 함께 눈 구경 갑시다.
ㅁ. 안개가 자욱한데 보면 볼수록 운치가 있구나!

예문 (8ㄱ)은 평서문, (28ㄴ)은 의문문, (8ㄷ)은 명령문, (8ㄹ)은 청유문, (8ㅁ)은 감탄문인데 연결어미 '-(으)ㄴ데/-는데'는 이 모든 문장들과 잘 어울려 쓸 수 있기에 후행절의 서법 제약이 없다.

5) 부정부사 '안'과 '못'과 공기할 때 제약을 받지 않는다.

(9) ㄱ. 아무도 안 오는데 혼자서 기다리고 있었다.
ㄴ. 일도 못 하는데 무슨 돈이 있겠어요?

예문 (9ㄱ), (9ㄴ)은 연결어미 '-(으)ㄴ데/-는데'가 부정부사 '안'과 '못'과 결합한 문장인데 모두 자연스럽다. 그래서 연결어미 '-(으)ㄴ데/-는데'는 부정부사의 결합에 제약을 받지 않는다.

위에서 살펴본 바와 같이 연결어미 '-(으)ㄴ데/-는데'의 통사적 특성을 정리하여 보면 다음 〈표 39〉와 같다.

〈표 39〉 '-(으)ㄴ데/-는데'의 통사적 특성

주어 일치 제약		없음
시제 선어말어미 제약	과거 시제	있음
	미래 시제	있음
선행절 서술어 제약		없음
후행절 서법 제약		없음
부정부사 '안'과 '못'과의 결합 제약		없음

5

연결어미의 교육 방안

이 장에서는 연결어미의 교육과정(敎育課程)을 고찰한다. 그리고 실험 대상 연결어미인 '-아도/-어도/-여도/-라도'와 '-(으)ㄴ데/-는데'의 교수-학습안을 창안하여 제시하고, 이 교수-학습안에 따라 실험한 결과를 검증하고 논의하려고 한다.

5.1. 연결어미의 교육 과정

5.1.1. 교육 목표

한국어는 교착어이기 때문에 한국어를 문법에 맞게 구사하려면 무엇보다도 조사와 어미의 특성과 용법을 정확히 이해하여야 한다. 따라서 한국어 연결어미의 교육 목표는 학습자로 하여금 한국어 연결어미의 형태적·의미적·통사적 특성과 용법을 바르게 이해하여 한국어로 의사소통을 할 때 연결어미를 정확히 사용할 수 있는 능력을 갖게 하는 데 있다.

5.1.2. 교육 내용

앞의 제4장에서 선정한 외국인 학습자를 위한 교육용 연결어미의 교육 내용을 연결어미의 사용빈도수와 난이도를 고려하여 초급과정·중급과정·고급과정별로 작성하여 제시하면 다음의 〈표 40〉, 〈표 41〉, 〈표 42〉와 같다.

〈표 40〉 초급과정 연결어미의 교육 내용

차시	교육 대상 연결어미	교육 내용
1	-고[1]	1. 연결어미의 형태적 특성, 의미적 특성, 통사적 특성 2. 연결어미의 용법
2	-아서/-어서/-여서[1]	
3	-(으)면	
4	-고[2]	
5	-아서/-어서/-여서[2]	
6	-거나	
7	-(으)러	
8	-(으)려고	
9	-(으)ㄴ데/-는데	
10	-다가	
11	-지만	
12	-아야/-어야/-여야	
13	-(으)면서	
14	-(으)니/-(으)니까	

〈표 41〉 중급과정 연결어미의 교육 내용

차시	교육 대상 연결어미	교육 내용
1	-고[3]	1. 연결어미의 형태적 특성, 의미적 특성, 통사적 특성 2. 연결어미의 용법
2	-아서/-어서/-여서[3]	
3	-(으)ㄴ데/-는데	
4	-아도/-어도/-여도/-라도	
5	-자마자	
6	-다면	
7	-게	
8	-도록	
9	-며	
10	-길래	
11	-려면	
12	-느라고	
13	-(으)ㄴ지/-는지	

14	-(으)므로	
15	-더라도	
16	-더니	
17	-다고	
18	-듯(이)	
19	-ㄹ수록	
20	-라고	
21	-라면	
22	-ㄹ지라도	

〈표 42〉 고급과정 연결어미의 교육 내용

차시	교육 대상 연결어미	교육 내용
1	-거든	1. 연결어미의 형태적 특성, 의미적 특성, 통사적 특성 2. 연결어미의 용법
2	-기에	
3	-고서	
4	-든지	
5	-ㄹ뿐더러	
6	-되	
7	-거니와	
8	-느니	
9	-자	
10	-고자	
11	-(으)ㄴ들	
12	-다시피	
13	-아야지/-어야지/-여야지	
14	-건만	
15	-고도	
16	-나	
17	-지	
18	-ㄴ즉/-는즉	
19	-다니	
20	-(으)니	

21	-라	
22	-아서야/-어서야/-여서야	

초급과정에서는 14개의 연결어미를 각각 1차시씩 14차시에 걸쳐 교육하고, 중급과정과 고급과정에서는 각각 22개의 연결어미를 22차시에 걸쳐 교육한다.

5.1.3. 교육 방법

이 연구에서는 TPP 수업 모형을 변형(變形)한 다음 〈표 43〉과 같은 WTPPF 모형을 실험 연구에 적용하여 절충식 교수법으로 연결어미를 교육하고자 한다.

〈표 43〉 WTPPF 모형

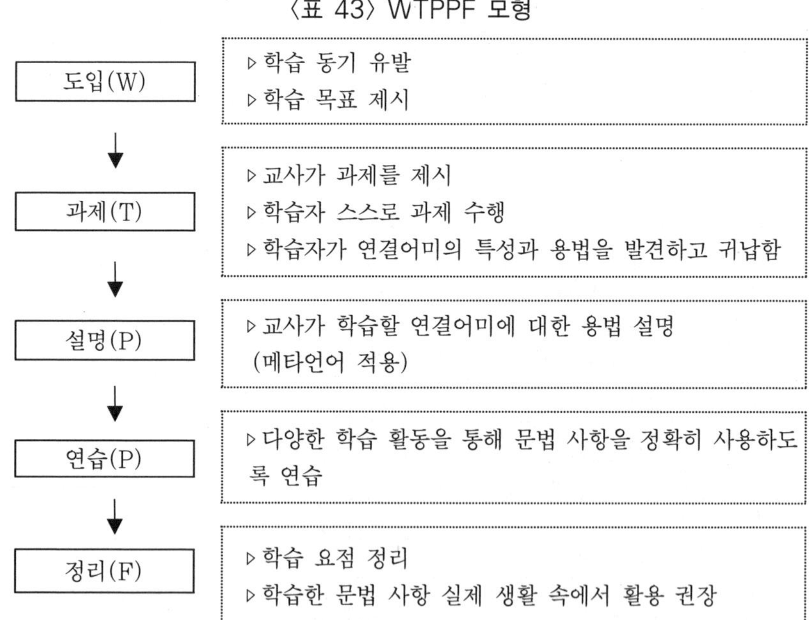

☑ 도입:

교사는 학습자에게 교수-학습할 연결어미가 쓰인 동영상 자료를 보여주고 질의응답을 통해 학습 동기를 유발한다. 그 다음에 교수-학습 목표를 제시한다.

☑ 과제:

해당 시간에 교육할 연결어미가 포함된 과제를 제시한 후에, 소그룹별로 과제를 수행하여 완성시키도록 한다. 학습자가 과제를 수행하는 과정에서 부딪히는 문제를 소그룹의 구성원들이 함께 해결함으로써 학습자가 스스로 해당 연결어미의 특성을 파악해 보도록 교사가 유도한다.

☑ 설명:

교사는 학습자가 도출한 결론이나 법칙에 대해 피드백을 한다. 한국어로 설명하여 학습자가 오해의 여지가 있다고 판단될 때에는 해당 학습자의 메타언어를 적용하여 설명하도록 한다. 학습자가 연결어미의 특성과 용법에 대해 질문하여 학습자가 이해하고 있는지 확인한다. 모두 이해하고 있으면 교수-학습할 연결어미를 다양한 교수-학습 활동으로 익히게 한다.

☑ 연습:

연습 단계에서는 다양한 학습 활동−단문(短文) 짓기, 짝 활동(pair play), 역할 놀이(role play), 상황극 등−으로 연결어미를 정확히 사용할 수 있도록 한다. 학습할 연결어미를 활용해서 단문(短文)을 지어 발표하게 하거나, 학습할 연결어미가 쓰인 대화문을 제시하여 짝 활동이나 역할 놀이를 하면서 연결어미의 용법을 정확히 익히도록 한다. 혹은 학습자가 짝과 함께 학습한 연결어미가 쓰인 대화문(3분용, 600자 분량)을 작성하여 발표하게 한다.

☑ 정리:

학습한 내용을 정리하고, 일상 언어생활을 할 때에 학습한 연결어미를 정확히 활용하기 위해 노력도록 권장한다.

5.1.4. 교육 평가

교육한 연결어미에 대한 평가는 직접 평가와 간접 평가로 한다. 학습자에게 교육한 연결어미를 활용해서 단문을 짓게 하거나 말하게 하여 평가한다. 지필 평가로 교육한 연결어미의 형태적·의미적·통사적 특성이나 용법에 관한 선택형 문제를 내어 응답하게 한다.

직접 평가와 간접 평가의 비율은 6:4로 한다.

5.2. 실험과 검증

5.2.1. 실험

이 절에서는 앞서 제시한 WTPPF 교육 모형에 절충식 교수법을 적용하여 연결어미 '-아도/-어도/-여도/-라도'와 '-(으)ㄴ데/-는데'의 교수-학습안을 작성하여 실험 집단 학습자를 교육하고자 한다.

1) '-아도/-어도/-여도/-라도'의 교수-학습안

실험 집단에 사용한 연결어미 '-아도/-어도/-여도/-라도'의 교수-학습안은 다음의 〈표 44〉와 같다.

〈표 44〉 연결어미 '-아도/-어도/-여도/-라도'의 교수-학습안

<table>
<tr><td>교수-학습 목표</td><td colspan="3">1) 연결어미 '-아도/-어도/-여도/-라도'의 형태와 의미를 이해한다.
2) 연결어미 '-아도/-어도/-여도/-라도'의 통사적 특성을 이해한다.
3) 한국어로 의사소통을 할 때 연결어미 '-아도/-어도/-여도/-라도' 를 정확히 사용할 수 있다.</td></tr>
<tr><td>교수-학습 내용</td><td colspan="3">1) 연결어미 '-아도/-어도/-여도/-라도'의 형태와 의미
2) 연결어미 '-아도/-어도/-여도/-라도'의 통사적 특성
3) 연결어미 '-아도/-어도/-여도/-라도'의 용법</td></tr>
<tr><td>교육 대상</td><td colspan="3">한국어 중급자</td></tr>
<tr><td>교육 시간</td><td colspan="3">50분</td></tr>
<tr><td rowspan="2">학습 자료</td><td colspan="2">교 사</td><td>학 생</td></tr>
<tr><td colspan="2">동요('괜찮아요' 영상 자료), 컴퓨터, 빔프로젝터, 스피커, 연습지(유인물).</td><td>필기도구</td></tr>
<tr><td>학습 단계</td><td colspan="2">교수 - 학 습 활 동</td><td>비고</td></tr>
<tr><td>도입</td><td>학습 동기 유발 (2분)</td><td>▷'괜찮아요'라는 뽀로로 동영상 자료 앞부분의 화면을 27초 정도 보고서 질문을 통해 학습하고자 하는 연결어미 '-아도/-어도/-여도/-라도'를 도입 · 제시한다.

교사: 어떤 계절이에요?
학생: 겨울이에요.
교사: 네, 눈 내리는 겨울이네요. 겨울은 어때요?
학생 갑: 추워요.
학생 을: 바람이 부는 것 같아요.
교사: 네, 맞아요.
우리 반에 혹시 겨울 좋아하는 학생 있어요?
학생: 네.</td><td>동영상 자료 앞부분의 화면을 27초 정도 보여준 다음</td></tr>
</table>

		교사: 겨울은 추워요. 그래도 좋아해요? 학생: 네. 좋아해요. 교사: 겨울에 바람도 세게 불어요. 그래도 좋아해요? 학생: 네, 좋아해요. 교사: 그래요? 겨울은 추워요. 그래도 좋아요. 겨울은 추워도 좋아요. 겨울은 바람이 불어요. 그래도 좋아요. 겨울은 바람이 불어도 좋아요. 참 씩씩한 친구네요.	질문함.
	학습 목표 제시 (1분)	▷교사는 이 시간의 교수-학습 목표를 학습자에게 알려준다. 1) 연결어미 '-아도/-어도/-여도/-라도'의 형태와 의미를 이해한다. 2) 연결어미 '-아도/-어도/-여도/-라도'의 통사적 특성을 이해한다. 3) 한국어로 의사소통을 할 때 연결어미 '-아도/-어도/-여도/-라도'를 정확히 사용할 수 있다.	
과제	학습 과제 제시 · 학습 과제 수행 (5분)	▷교사는 학습자에게 연결어미 '-아도/-어도/-여도/-라도'의 형태와 의미, 통사적 특성과 더불어 그 용법을 학습할 것임을 알려준다. ▷우선 5명 한 조씩 그룹을 나눈다. ▷'괜찮아요'라는 뽀로로 동영상의 전체 영상(2분 분량)을 보여준다. 동영상을 본 뒤 동요 가사가 적힌 유인물을 그룹별로 나눠 주고 빈칸에 주어진 단어의 어간에 '-아도/-어도/-여도/-라도' 중에서 적절한 것을 결합하여 발표하게 한다. [1절 가사] 바람 (①불다) 괜찮아요, 괜찮아요, 괜찮아요. 쌩쌩 (②불다) 괜찮아요, 난난난 나는 괜찮아요. 털오버코트 때문도 아니죠, 털장갑 때문도 아니죠. 씩씩하니깐 괜찮아요, 난난난 나는 괜찮아요. [2절 가사] 호호 (③춥다) 괜찮아요, 괜찮아요, 괜찮아요.	

<table>
<tr>
<td></td>
<td></td>
<td>꽁꽁 (④얼다) 괜찮아요, 난난난 나는 괜찮아요.
털모자 때문도 아니죠, 털부츠 때문도 아니죠.
용감하니깐 괜찮아요, 난난난 나는 괜찮아요.

▷빈칸 채우기가 끝나면 정답 확인을 한다.
답: ①불어도, ②불어도, ③추워도, ④얼어도.

▷'-아도/-어도/-여도/-라도'의 사용 환경에 대해 유추하여 얘기해 보도록 함으로써 학습자 스스로가 '-아도/-어도/-여도/-라도'의 형태적 특성을 알아보게 한다.

- 어떤 경우에 연결어미 '-아도'를 쓰고 어떤 경우에 '-어도'를 쓸까요? 그리고 가사 중에 쓰인 '-아도/-어도'는 어떤 뜻일까요?

▷지금부터 조별로 문제를 풀어 보도록 해요.
학습자가 과제 수행할 때 교사는 돌아다니면서 학습자를 도와준다.</td>
<td></td>
</tr>
<tr>
<td>설

명</td>
<td>형태
특성
(3분)</td>
<td>▷각 조에 [형태적 특성] 관련 유인물을 나누어 준 후에 교사는 학습자에게 연결어미 '-아도/-어도/-여도/-라도'의 형태적 특성에 대해 설명해 준다.(이때 PPT 자료를 활용한다.)

① 양성모음 'ㅏ, ㅗ'로 끝난 동사/형용사+'-아도'
예: 잡다+아도=잡아도, 높다+아도=높아도

② 'ㅏ, ㅗ' 이외의 음성모음으로 끝난 동사/형용사, '-았-'+'-어도'
예: 먹다+어도=먹어도, 싫다+어도=싫어도
잡았다+어도=잡았어도

③ '하다'+'-여도'
예: 공부하다+여도=공부하여도(공부해도)

④ '이다/아니다'+'-라도'
예: 학생이다(아니다)+라도=학생이라도(학생 아니라도)</td>
<td></td>
</tr>
</table>

의미 특성 (3분)

▷의미를 설명할 때는 선행절과 후행절의 내용을 그림으로 제시한 후 그 사이에 양보의 의미를 나타내는 접속부사 '그래도'를 함께 제시해 준다. 그리고 두 문장을 한 문장으로 작성하여 보도록 한다. 다음은 문장을 담화로 확장시켜서 의미를 충분히 이해시키도록 한다.
(이때 PPT 자료를 활용한다.)

① 양보

여기서 '양보'란 선행절에 일반적인 생각이 전제되나, 후행절은 화자가 앞서 생각했던 것과는 다른 결과 또는 반대되는 결과가 나타나도록 연결해 주는 기능을 하는 연결어미라는 문법적 의미를 다음과 같은 방식으로 설명해 준다.

(그래도)

비가 내려요. + 산책할 거예요.

비가 <u>내려도</u> 산책할 거예요.

- '-아도/-어도/-여도/-라도'의 의미 이해를 돕기 위해 아래와 같이 담화 텍스트를 제시해 준다.

동건 : 세진 씨, 내일 오후 같이 산책할까요?
세진 : 좋아요. 근데 내일 비가 온다는 것 같아요.
동건 : 아~그래요?
세진 : 네~
동건 : 일기예보 찾아봤는데 비 내릴 수 있다네요.
세진 : 만약 비가 내리면 산책 안 할 거죠?
동건 : 아니요, <u>비가 내려도 산책할 거예요.</u>
세진 : 알겠어요, 그럼 내일 만나요.

② 조건

그래도

나는 돈을 많이 벌었다　　　　나는 장사를 계속 할 것이다.

나는 돈을 많이 <u>벌었어도</u> 장사를 계속 할 것이다.

세진 : 동건 씨, 장사해서 돈을 많이 벌게 되면 무엇 할 거예요?
동건 : 음 … 바로 직장 그만두고 세계 여행을 가야죠.
　　　세진 씨는요?
세진 : 저는 장사를 계속 할 거 같아요.
동건 : 정말요? 돈을 엄청 많이 벌었어도?
세진 : 그럼요.
　　　저는 돈을 많이 벌었어도 장사를 계속 할 거예요.

③ 대립·대조

♡ 여자는 키가 작아요.

그래도

♡ 남자친구는 키가 커요.

여자는 키가 <u>작아도</u> 남자친구는 키가 커요.

세진 : 동건 씨, 오늘 제 친구의 남자친구를 봤어요.
동건 : 그래요? 어땠어요?
세진 : 좀 놀라웠어요.
동건 : 왜요?

		세진 : 제 친구는 키가 작거든요. 그런데 남자 친구는 키가 엄청 컸어요. 동건 : 여자는 키가 작아도 남자친구는 키가 클 수 있죠. 세진 : 그래도 좀…	
	통사 특성 (3분)	▷ 각 조에 통사적 특성에 관련된 유인물을 나누어 준 후에 같이 표 안의 내용을 보면서 설명을 해 준다. 특히 제약이 있는 부분에 대해서 강조하여 설명한다. ① 선행절과 후행절의 주어 일치의 제약이 없다. 예: 세진이는 아파도 (세진이는) 병원에 가지 않는다. 폭설이 내려도 나는 등산을 갈 것이다. ② 시제 선어말어미의 제약이 있다. - 과거 시제 선어말어미 '-았-/-었-/-였-'과 결합할 때는 제약을 받지 않는데, 미래 시제 선어말어미 '-겠-'과 결합할 때는 제약을 받는다. - 과거 시제 선어말어미 '-았-/-었-/-였-'과 결합할 경우 예 : 세진이는 열심히 다이어트를 했어도 날씬해 보이지 않는다. (○) - 미래 시제 선어말어미 '-겠-'과 결합할 경우 예 : 아무리 밥맛이 없겠어도 건강을 생각해야죠.(×) ③ 선행절의 서술어 기능을 하는 동사, 형용사의 어간과 서술격 조사와의 결합에 제약이 없다. 예 : 바람이 불어도 시원하지가 않다. (동사) 아무리 아파도 참아야 한다. (형용사) 같은 눈물이라도 더욱 값진 눈물이 있다. (서술격 조사 '이다') 비싼 집이 아니라도 나는 행복하다. (서술격 조사 '아니다') ④ 후행절의 서법 제약이 없다.	

<table>
<tr>
<td></td>
<td></td>
<td>예 : 아무리 미워도 욕하면 <u>안 된다.</u> (평서문)
아무리 미워도 욕하면 <u>안 돼요?</u> (의문문)
아무리 미워도 욕하지 <u>마세요.</u> (명령문)
아무리 미워도 욕하지 <u>맙시다.</u> (청유문)
아무리 미워도 욕하면 <u>되는가!</u> (감탄문)

⑤ 부정부사 '안'과 '못'과 공기할 때 제약을 받지 않는다.
예 : 지금 비가 <u>안 와도</u> 우산은 가지고 가.
피아노 잘 <u>못 쳐도</u> 피아노는 꼭 사고 싶어요.</td>
<td></td>
</tr>
<tr>
<td>연

습</td>
<td>30분</td>
<td>1. 다음 내용을 연결하고, '-아도/-어도/-여도/-라도'를 사용해 서 [보기]처럼 써 보세요.

· 비가 내린다.   · 살이 빠지지 않는다.
· 언니는 아프다.   · 에어컨을 켜지 않는다.
· 집안이 덥다.   · 아침 운동을 한다.
· 열심히 운동을 한다.   · 약 먹는 것을 싫어한다.
· 민수는 의사이다.   · 병원에 가지 않는다.

[보기] 1) <u>비가 내려도 아침 운동을 한다.</u>
2) ________________
3) ________________
4) ________________
5) ________________

2. 그림을 보고 연결어미 '-아도/-어도/-여도/-라도'를 활용하 여 다음 문장을 완성하세요.

(1)
________ 밖에서 축구를 해요.</td>
<td></td>
</tr>
</table>

(2)

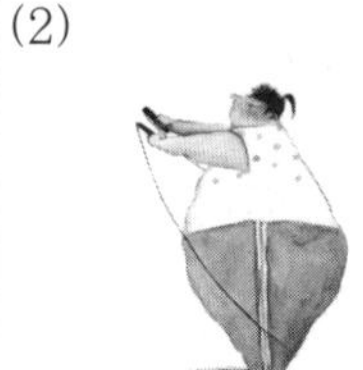

____________ 살이 빠지지 않아요.

(3)

____________ 내일 학교에 가야 해요.

3. 상황 A와 상황 B 중에서 하나를 골라서 역할극을 할 수 있는 대본을 작성해 보세요.

요구 사항:
1) 꼭 사용해야 할 연결어미 : -아도/-어도/-여도/-라도
2) 사용 횟수 : 최소 3회 이상
3) 역할극 분량 : 3분 내외[200자 원고지 6매]

[상황 A]

요즘 사람들은 '바쁘다'는 말을 참 잘합니다. 예를 들면 '바빠서 전화를 못 했어요', '바빠서 잊어 버렸어요.' 등. 그런데 어떤 일은 우리가 바빠도 꼭 해야 하는 것들이 있습니다. '-아도/-어도/-여도/-라도'를 사용해서 역할극을 할 수 있는 대본을 작성해 보세요.

[상황 B]

민수는 평소에 잘 웃지도 않고 무뚝뚝하고 짜증도 잘 내는 친구입니다. 그런데 여자 친구가 생긴 후에 민수가 달라졌습니다. 예를 들면 여자 친구가 약속에 늦어도 화내지 않고 웃어요. '-아도/-어도/-여도/-라도'를 사용해서 역할극을 할 수 있는 대본을 작성해 보세요.

		4. 다음 네 폭의 그림을 보고 무언극으로 재연한 후, 연결어미'-아도/-어도/-여도/-라도'를 활용해서 대화문을 작성하고 발표해 보세요.  절차: 1) 네 폭의 그림을 보여 준다. 2) 두 학생을 시켜서 그림처럼 무언극을 하게 한다. 3) 무언극을 본 후에 두 명이 한 짝이 되어, 연결어미 '-아도/-어도/-여도/-라도'를 3회 이상 사용하여 대화문을 작성해서 발표하게 한다.	
정리	3분	▷이 시간에 학습한 연결어미 '-아도/-어도/-여도/-라도'의 형태적・통사적・의미적 특성과 용법을 질의응답으로써 정리한다. ▷한국어로 의사소통을 할 때 이 시간에 학습한 연결어미 '-아도/-어도/-여도/-라도'를 정확히 사용하도록 권장한다.	

연결어미 '-아도/-어도/-여도/-라도'의 교수-학습안은 '도입(W)→과제(T)→설명(P)→연습(P)→정리(F)' 등 다섯 단계로 나누어 설계하였으며 교수법은 직접 교수법, 의미 중심 형태 교수법, 시청각 교수법, 역할 놀이법 등을 활용한 절충식 교수법을 적용하였다. 수업 시간은 총 50분으로 구성하고, 한국어를 공부하는 중국인 중급 학습자를 교육 대상으로 삼는다. 수업 방식은 5명씩 한 팀으로 둘러앉아 진행한다.

도입 단계는 총 3분으로 동기 유발 단계가 2분, 학습 목표 제시 단계와 학습 내용 제시 단계가 각각 30초씩 1분이다. 이 단계에서는 주로 시청각 교수법을 활용한다. '-아도/-어도/-여도/-라도' 연결어미를 자연스럽게 도입할 수 있는 뽀로로 영상 '괜찮아요'의 시작 화면을 27초 동안 보여줌으로써 학습 흥미를 불러일으키고 수업에 집중하도록 한다. 다음 화면의 내용을 중심으로 질문을 함으로써 학습 목표 문법인 '-아도/-어도/-여도/-라도'를 자연스럽게 이끌어낸다. 이때 질문은 누구나 쉽게 참여할 수 있도록 쉬우면서 재미있게 접근하는 게 중요하다. 학습자가 목표 문법에 대해 인지했을 무렵에 바로 학습 목표와 학습 내용을 제시한다.

다음은 과제 제시 및 과제 수행하는 단계이다. 이 단계는 5분으로 배정한다. 이 단계에서는 학습자에게 동요 '괜찮아요'의 전체 내용을 2분 정도 보여주고 가사 속의 빈칸을 채우도록 과제를 제시한다. 이때 빈칸에 들어갈 내용은 '-아도/-어도/-여도/-라도'의 활용형이다. 다음은 정답을 발표하고 연결어미 '-아도/-어도/-여도/-라도'의 의미적 특성과 형태적 특성에 대해 조별로 토의하면서 유추해 보도록 유도한다. 이렇게 학습자가 스스로 정답과 어떤 문법 규칙을 찾아내는 과제 수행 과정에서 학습의 흥미도 느끼게 되고 학습 욕구도 불러일으키게 된다. 이 단계에서는 시청각 교수법을 활용한다.

다음은 설명 단계인데 형태적 특성, 의미적 특성, 통사적 특성 등에 대한 설명은 각각 3분으로 총 9분을 배정한다. 이 단계에서는 주로 직접 교수법을 활용한다.

형태적 특성을 설명할 때는 우선 학습자에게 연결어미 '-아도/-어도/-여도/-라도'의 형태적 특성이 들어 있는 유인물을 나누어 준다. 그리고 표 안의 내용을 설명해 줌으로써 학습자 스스로가 과제 수행 단계에서 유추해 낸 결과와 일치한지를 점검하도록 한다. 이렇게 하면 학습자가 교사의 설명에 더욱 관심을 가지고 적극적으로 경청하게 된다.

그 다음은 의미적 특성에 대해 설명을 한다. 학습자가 접속부사 '그래도'를 선행 학습하여 '그래도'의 의미에 대해 익숙한 상황이다. 따라서 선행절과 후행절의 내용을 그림으로 제시하고 두 그림의 내용 사이에 접속부사 '그래도'를 제시하여서 학습자로 하여금 두 문장을 한 문장으로 만들도록 한다. 그리고 '-아도/-어도/-여도/-라도'의 의미를 더욱 잘 이해시키기 위해서는 문장이 아닌 담화 텍스트를 만들어서 맥락 속에서 의미를 깨닫게 설계한다.

의미적 특성에 대한 설명이 끝나면 통사적 특성에 대한 설명을 한다. 학습자에게 통사적 특성에 대한 내용이 담긴 유인물을 나누어 준 후에 자세한 설명을 한다. 통사적 특성은 의미적인 특성과 직결되어 있기에 먼저 의미적인 특성을 설명하고 나서 통사적 특성에 대한 설명을 한다.

목표 문법에 대한 설명이 끝난 후에는 연습 단계인데 30분 배정한다. 이 단계에서는 짝 짓기 연결을 통한 짧은 문장 작성하기, 그림 보고 문장 완성하기, 역할극하기, 그림과 무언극[1])을 통한 대화문 쓰기 등으로 구성한다. 짝 짓기 연결을 하려면 '-아도/-어도/-여도/-라도'의 의미를 정확히 파악해야 완성할 수 있으며, 또한 연결한 두 문장을 한 문장으로 이어쓰기 하는 과정을 통해 '-아도/-어도/-여도/-라도'의 형태적·통사적 특성에 대한 파악 상태도 함께 확인할 수 있다. 그리고 '그림을 보고서 문장 완성하기'는 학습자 누구나 부담 없이 할 수 있는 문제이므로 연습을 통해 '-아도/-어도/-여도/-라도'의 용법을 정확히 익힐 수 있다. 다음은 각 조의 구성원들이 협동하여 '-아도/-어도/-여도/-라도'를 활용하여 3분 분량의 대본을 창작해서 역할극을 하는 활동인데, 이것은 학습자가 자연스럽게 실생활적인 의사소통 상황 속에서 연결어미의 의미와 용법을 익힐 수 있으며 학습 동기도 유발시킬 수 있어 장기 기억에도 도움이 된다. 끝으로 '그림과 무언극을 보고서 대화문을 작성하여 발표하기'인데, 이 활동은

---

1) 무언극은 말을 하지 않고 행동으로 보여주는 활동이다. 상황과 목적에 따른 적합한 얼굴 표정, 몸짓, 자세와 태도 등은 의사소통 능력의 사회언어학적 능력과 의사소통 전략의 개발에 중요하다. 이러한 능력의 개발은 실제 상황에서 언어를 사용하는데 많은 도움이 된다(배두본, 1997:399).

우선 그림을 제시하고, 학습자 몇 명을 뽑아서 무언극을 하게 한 다음 짝과 함께 무언극의 내용을 대화문으로 작성하여 발표하게 하는 활동이다. 이때 학습 대상 연결어미인 '-아도/-어도/-여도/-라도'를 활용하게 한다. 이런 활동은 단순 쓰기보다 흥미롭고, 그림 해석이 어려운 학습자에게는 무언극 형식으로 그림 안의 내용을 생동감 있게 전달할 수 있으므로 학습자의 쓰기 호기심을 유발하고 자극할 수 있다.

앞서 네 단계를 거쳐 진행된 수업 내용을 끝단계인 정리 단계에서 요점을 정리하고 실생활에서 정확히 사용하도록 권장하면서 수업을 마친다. 이 단계는 총 3분을 배정한다.

2) 연결어미 '-(으)ㄴ데/-는데'의 교수-학습안

실험 집단에 사용한 연결어미 '-(으)ㄴ데/-는데'의 교수-학습안은 다음의 〈표 45〉와 같다.

〈표 45〉 연결어미 '-(으)ㄴ데/-는데'의 교수-학습안

구분	교사	학생
교수-학습 목표	1) 연결어미 '-(으)ㄴ데/-는데'의 형태와 의미를 이해한다. 2) 연결어미 '-(으)ㄴ데/-는데'의 통사적 특성을 이해한다. 3) 한국어로 의사소통을 할 때 연결어미 '-(으)ㄴ데/-는데'를 정확히 사용할 수 있다.	
교수-학습 내용	1) 연결어미 '-(으)ㄴ데/-는데'의 형태와 의미 2) 연결어미 '-(으)ㄴ데/-는데'의 통사적 특성 3) 연결어미 '-(으)ㄴ데/-는데'의 용법	
교육 대상	한국어 중급자	
교육 시간	50분	
학습 자료	교 사	학 생
	뽀로로 영상(감기소동), 컴퓨터, 빔프로젝터, 스피커, 연습지(유인물).	필기도구

<table>
<tr><th colspan="2">학습
단계</th><th>교수 - 학 습 활 동</th><th>비고</th></tr>
<tr><td rowspan="2">도

입</td><td>학습
동기
유발
(2분)</td><td>▷'감기 소동'이라는 뽀로로 영상의 앞부분 40초 정도 보여준 다음 영상 내용과 관련된 질문을 함으로써 학습하고자 하는 연결어미 '-(으)ㄴ데/-는데'를 도입 · 제시한다. 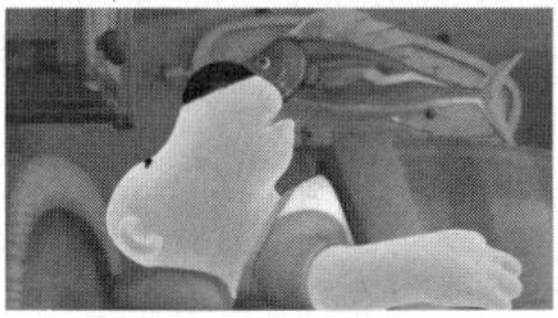 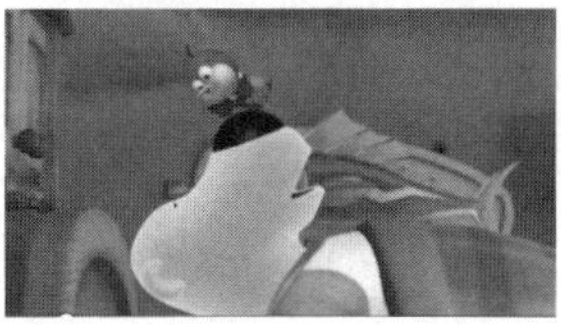

교사: 포비는 뭐하고 있었어요?
학생: 자고 있었어요.
교사: 맞아요, 그런데 누가 나타났어요?
학생: 헤리요.
교사: 헤리는 포비한테 뭐했어요?
학생: 포비 일어나라고 깨웠어요.
교사: 맞아요. 참 잘 봤네요.
포비가 자고 있어요. 그런데 헤리가 깨웠어요.
포비가 자고 있는데 헤리가 깨웠어요.</td><td>동영상 자료 앞부분의 화면을 40초 정도 보여준다.</td></tr>
<tr><td>학습
목표
제시
(1분)</td><td>▷교사는 학습자에게 이 시간의 교수-학습 목표를 설명해 준다.

1) 연결어미 '-(으)ㄴ데/-는데'의 형태와 의미를 이해한다.
2) 연결어미 '-(으)ㄴ데/-는데'의 통사적 특성을 이해한다.
3) 한국어로 의사소통을 할 때 연결어미 '-(으)ㄴ데/-는데'를 정확히 사용할 수 있다.</td><td></td></tr>
<tr><td>과

제</td><td></td><td>▷교사는 학습자에게 이 시간의 학습 과제를 제시한다.
▷5명 한 조씩 그룹을 나눈다.
▷'감기소동'이라는 뽀로로 영상 전체(3분)을 보여 준다. 동영상을 본 뒤 유인물을 그룹별로 나눠 주고 빈칸에 주어진 단어의 어간에 '-(으)ㄴ데/-는데' 중에서 적절한 것을 결합하여 발표하게 한다.</td><td></td></tr>
</table>

	과제 제시 · 과제 수행 (5분)	1) 포비가 (①자다) 헤리가 깨웠어요. 2) 춥지 (②않다) 코가 자꾸 간지러워요. 3) 숨박꼭질을 하려고 (③했다) 같이 놀자. 4) 쉬어야 (④한다) 저렇게 괜찮다고 한다니까. 5) 얼굴은 그래도 괜찮아 (⑤보인다) 감기에 걸렸다고 한다. 6) 체온은 (⑥정상이다) 감기에 걸렸다고 한다. 7) 숨소리도 (⑦괜찮다) 감기에 걸렸다고 한다. ▷빈칸 채우기가 끝나면 정답 확인을 한다. 정답: ①자는데 ②않은데 ③했는데 ④하는데 ⑤보이는데 ⑥정상인데 ⑦괜찮은데 ▷'-(으)ㄴ데/-는데'의 사용 환경에 대해 유추하여 얘기해 보도록 함으로써 학습자 스스로가 '-(으)ㄴ데/-는데'의 형태적 특성을 알아보게 한다. - 조금 전에 본 영상을 떠올리면서 유인물의 내용을 자세히 생각해 보세요. ▫ 어떤 경우에 '-ㄴ데'를 쓰고 어떤 경우에 '-은데'를 쓰며 또 어떤 경우에 '-는데'를 쓸까요? ▫ '-(으)ㄴ데/-는데'는 어떤 뜻일까요? ▷지금부터 조별로 문제를 풀어 보도록 해요. 학습자가 과제 수행할 때 교사는 돌아다니면서 학습자를 도와준다.	
설 명	형태 특성 (3분)	▷각 조에 형태적 특성과 관련된 유인물을 나눠준 후에 학습자 스스로가 오류를 찾아 수정하게 한 다음 교사는 학습자가 보인 오류들을 귀납하여 보충·설명하도록 한다. 1) **-ㄴ데** ① 형용사의 어간 말음이 모음인 경우 어간에 연결어미 '-ㄴ데'가 결합한다. 예: 비싸다+'-ㄴ데' → 비싼데	

		아프다+'-ㄴ데' → 아픈데 ② 형용사의 어간 말음인 'ㄹ'이 탈락한 형태에 연결어미 '-ㄴ데'가 결합한다. 예: 길다+'-ㄴ데' → 긴데 멀다+'-ㄴ데' → 먼데 ③ '이다' + '-ㄴ데' 예: 학생이다+'-ㄴ데' → 학생인데 생일이다+'-ㄴ데' → 생일인데 2) -은데 ① 형용사+'-은데' 예: 형용사 '높다'의 어간 '높-'+'-은데' → 높은데 형용사 '깊다'의 어간 '깊-'+'-은데' → 깊은데 3) -는데 ① 동사의 어간+'-는데' 예: 마시다+'-는데' → 마시는데 먹다+'-는데' → 먹는데 울다+'-는데' → 우는데 ② '있다/없다'의 어간 + '-는데' 예: 있-+'-는데' → 있는데 없-+'-는데' → 없는데	
	의미 특성 (3분)	▷ '-(으)ㄴ데/-는데' 는 선행절이 후행절 내용의 배경이나 상황에 대한 설명이 된다는 의미를 다음과 같은 방식으로 설명해 준다. ▷ 먼저 다음과 같이 선행절과 후행절의 내용을 그림으로 제시한 후 그 사이에 배경의 의미를 나타내는 연결어미 '-(으)ㄴ데/-는데'도 함께 제시해 준다. 그리고 두 문장을 한 문장으로 작성해 보게 한다.	

<table>
<tr><td></td><td></td><td> +'-(으)ㄴ데/-는데' 
날씨가 덥다. 바다에 놀러가다.

날씨가 더운데 바다에 놀러갑시다.

- '-(으)ㄴ데/-는데'의 의미 이해를 돕기 위해 아래와 같이 담화 텍스트를 제시해 준다.

동건 : 세진 씨, 날씨가 너무 덥죠?
세진 : 네, 너무 더워서 아무것도 하기 싫어요.
동건 : 그죠? 그럼 같이 시원한 바다에 놀러 갈래요?
세진 : 그럴까요?
동건 : 좋아요. 날씨도 더운데 바다에 놀러 갑시다.</td><td></td></tr>
<tr><td></td><td>통사
특성
(3분)</td><td>▷각 조에 통사적 특성의 내용을 담은 유인물을 나눠준 후에 같이 표 안의 내용을 보면서 설명을 해 준다. 특히 제약이 있는 부분에 대해서 강조하여 설명한다.

① 선행절과 후행절의 주어 일치의 제약을 받지 않는다.
예: 비가 오는데 세진이는 밖에서 기다리고 있다.
세진이는 예쁜데 (세진이는) 마음까지도 착하다.

② 시제 선어말어미 제약을 받는다.

-과거 시제 선어말어미 '-았-/-었-/-였-'과 결합할 때 제약을 받음.
예 : 집에 도착하는데 갑자기 회사에서 전화가 왔다. (×)
현재(×) 과거(○)
집에 도착했는데 갑자기 회사에서 전화가 왔다. (○)
과거 과거
집에 도착했는데 갑자기 회사에서 전화가 온다. (○)
과거 현재</td><td></td></tr>
</table>

		-미래 시제 선어말어미 '-겠-'과 결합할 때도 제약을 받음. 예 : 내일 MT 가는데 비가 온다는 것 같아요. (○) 내일 MT 가겠는데 비가 온다는 것 같아요. (×) ③ 선행절의 서술어 기능을 하는 동사, 형용사의 어간과 서술어 조사와의 결합에 제약이 없다. 예 : 빨래를 하는데 비가 왔어요. (동사) 날씨가 더운데 아이스크림 사 먹을까요? (형용사) 집에 가는 길인데 같이 가요. (서술격 조사 '이다') 주말도 아닌데 학교가 너무 조용해요. (서술격 조사 '아니다') ④ 후행절의 서법 제약이 없다. 예 : 바람이 세게 부는데 밖에서 일하고 있다. (평서문) 오늘 주말인데 어디 놀러 갈까요? (의문문) 꽃이 예쁜 것 같은데 생일 선물로 사주세요. (명령문) 함박눈 내리는데 함께 눈 구경 갑시다. (청유문) 안개가 자욱한데 보면 볼수록 운치가 있구나! (감탄문) ⑤ 부정부사 '안'과 '못'과 공기할 때 제약을 받지 않는다. 예 : 아무도 안 오는데 혼자서 기다리고 있다. 일도 못 하는데 무슨 돈이 있겠어요?	
연습	30분	1. 다음 내용을 연결하고, '-(으)ㄴ데/-는데'를 사용해서 [보기]처럼 써 보세요. · 시험 공부하다. · 어느 병원으로 갈까요? · 어머니가 아프다. · 어떻게 다녀요? · 그림책이 너무 재미있다. · 너무 힘들어요. · 베트남 커피이다. · 같이 봐요. · 학교가 멀다. · 좋은 일에 좀 쓰세요. · 돈이 많다. · 한번 마셔 봐요. [보기] 1) 시험 공부하는데 너무 힘들어요. 2) ____________ 3) ____________ 4) ____________ 5) ____________ 6) ____________	

2. 그림을 보고 연결어미 '-(으)ㄴ데/-는데'를 활용하여 짧은 문장을 지어 보세요.

(1) A: ____________?
B: 진심을 담은 선물이 좋을 거 같아요.

(2) A: 수진 씨, 노래하는 것 좋아해요?
B: ________________________.

3. 짝과 함께 다음에 제시한 상황에 맞게 역할극을 할 수 있는 대본을 작성해 보세요.

딸 생일이어서 생일 선물로 옷을 사 주려고 어머니는 백화점에 갔어요. 그런데 어떤 옷이 딸에게 어울릴지 잘 몰라서 직원의 도움을 받기로 했어요. 두 사람은 어떤 얘기들을 했을까요? 짝과 함께 어머니와 백화점 직원의 역을 각각 맡아 그들이 나눈 대화를 상상해서 역할극 대본을 작성하여 발표해 보세요.

<u>요구 사항:</u>
1) 꼭 사용해야 할 연결어미 : -(으)ㄴ데/-는데
2) 사용 횟수: 최소 3회 이상
3) 역할극 분량 : 3분 내외[200자 원고지 6매]

4. 다음 그림을 보고 무언극으로 재연한 후, 연결어미 '-(으)ㄴ데/-는데'를 활용해서 대화문을 작성하여 발표해 보세요.

		절차: 1) 세 폭의 그림을 보여 준다. 2) 학생들을 시켜서 그림처럼 무언극을 하게 한다. 3) 무언극을 본 후에 두 명이 한 짝이 되어, '-(으)ㄴ데/-는데'를 3회 이상 사용하여 대화문을 작성해서 발표하게 한다. (비고: 위의 그림은 친구들과 같이 놀고 싶은데 어떻게 할지 몰라 고민하고 있는 한 아이의 이야기입니다.)	
정리	3분	▹이 시간에 학습한 연결어미 '-(으)ㄴ데/-는데'의 형태적·통사적·의미적 특성과 용법을 교사와 학생이 질의응답으로써 정리한다. ▹한국어로 의사소통을 할 때 이 시간에 학습한 연결어미 '-(으)ㄴ데/-는데'를 정확히 사용하도록 권장한다.	

연결어미 '-(으)ㄴ데/-는데'의 교수-학습안은 '도입(W)→과제(T)→설명(P)→연습(P)→정리(F)' 등 다섯 단계로 나누어 설계하였으며 교수법은 직접 교수법, 의미 중심 형태 교수법, 시청각 교수법, 역할 놀이법 등을 활용한 절충식 교수법을 적용하였다. 수업시간은 총 50분으로 구성하고, 한국어를 공부하는 중국인 중급 학습자를 교육 대상으로 삼는다. 수업 방식은 5명씩 한 팀으로 둘러앉아 진행한다.

도입 단계는 총 3분으로 동기유발 단계가 2분, 학습 목표와 학습 내용 제시 단계가 각각 30초씩 1분이다. 이 단계에서는 주로 시청각 교수법을 활용한다. 연결어미 '-(으)ㄴ데/-는데'를 자연스럽게 도입할 수 있는 뽀로로 영상 '감기소동'의 앞부분인 40초 분량의 화면만 보여줌으로써 학습자의 흥미를 유발하고 수업에 집중하도록 한다. 다음 화면의 내용을 중심으로 질문을 함으로써 학습 대상 연결어미인 '-(으)ㄴ데/-는데'를 자연스럽게 이끌어낸다. 이때 질문은 누구나 쉽게 참여할 수 있도록 쉬우면서 재미있게 접근하는 게 중요하다. 학습자가 이 시간에 학습할 대상 연결어미에 대해 인지했을 무렵에 학습 목표를 제시한다.

다음은 과제 제시 및 과제 수행하는 단계이다. 이 단계는 5분으로 배정한다. 이 단계에서는 학습자에게 유인물을 나누어 준 후 뽀로로 영상 '감기소동'의 전체 내용을 3분 정도 보여주고 가사 속의 빈칸을 채우도록 과제를 제시한다. 이때 빈칸에 들어갈 내용은 '-(으)ㄴ데/-는데'의 활용형이다. 다음은 정답을 발표하고 연결어미 '-(으)ㄴ데/-는데'의 의미적 특성과 형태적 특성에 대해 조별로 토론하면서 유추해보도록 유도한다. 이렇게 학습자가 스스로 정답과 어떤 문법 규칙을 찾아내는 과제 수행 과정에서 학습의 흥미도 느끼게 되고 학습 욕구도 불러일으키게 된다. 이 단계에서는 시청각 교수법을 활용한다.

다음은 설명 단계인데 형태적 특성, 의미적 특성, 통사적 특성 등에 대한 설명은 각각 3분으로 총 9분을 배정한다. 이 단계에서는 주로 직접 교수법을 활용한다.

형태적 특성을 설명할 때는 우선 학습자에게 '-(으)ㄴ데/-는데'의 형태적 특성이 들어있는 유인물을 나누어 준다. 그리고 표 안의 내용을 설명해 줌으로써 학습자 스스로가 과제 수행 단계에서 유추해 낸 결과와 일치한지를 점검하도록 한다. 이렇게 하면 학습자가 교사의 설명에 더욱 관심을 가지고 적극적으로 경청하게 된다.

그 다음은 의미적 특성에 대해 설명을 한다. 이 단계에서는 선행절과 후행절의 내용을 그림으로 제시하고 두 그림 사이에 연결어미 '-(으)ㄴ데/-는데'도 함께 제시함으로써 학습자로 하여금 두 문장을 한 문장으로 작성하게 한다. 다음 연결어미 '-(으)ㄴ데/-는데'의 의미에 대한 이해를 돕기 위해 문장이 아닌 담화 텍스트를 만들어서 맥락 속에서 의미를 깨닫게 설계한다.

의미적 특성에 대한 설명이 끝나면 통사적 특성에 대한 설명을 한다.

학습자에게 통사적 특성에 대한 내용이 담긴 유인물을 나누어 준 후에 자세한 설명을 한다. 통사적 특성은 의미적인 특성과 직결되어 있기에 먼저 의미적인 특성을 설명하고 나서 통사적 특성에 대한 설명을 한다.

목표 문법에 대한 설명이 끝난 후에는 연습 단계인데 30분 배정한다. 이 단계에서는 짝 짓기 연결을 통한 짧은 문장 작성하기, 그림 보고 문장 완성하기, 역할극하기, 그림과 무언극2)을 보고서 대화문을 작성하여 발표하기 등으로 구성한다. 짝 짓기 연결을 하려면 '-(으)ㄴ데/-는데'의 의미를 정확히 파악해야 완성할 수 있으며, 또한 연결한 두 문장을 한 문장으로 이어쓰기 하는 과정을 통해 '-(으)ㄴ데/-는데'의 형태적·통사적 특성에 대한 파악 상태도 함께 확인할 수 있다. 그리고 그림 보고 문장 완성하기는 학습자 누구나 부담 없이 할 수 있는 문제이므로 연습을 통해 '-(으)ㄴ데/-는데'의 용법을 정확히 익힐 수 있다. 다음은 각 조의 구성원들이 협동하여 '-(으)ㄴ데/-는데'를 활용하여 3분 분량의 대본을 창작해서 역할극 하는 활동인데, 이는 학습자가 자연스럽게 실생활적인 의사소통 상황 속에서 연결어미의 의미와 용법을 익힐 수 있으며 학습 동기도 유발시킬 수 있어 장기 기억에도 도움이 된다. 끝으로 그림과 무언극을 보고서 대화문을 작성하여 발표하기인데, 이 활동은 우선 그림을 제시하고, 학습자 몇 명을 뽑아서 무언극을 하게 한 다음 짝을 이루어 무언극의 내용을 대화문으로 작성하여 발표하게 하는 활동이다. 이때 학습 대상 연결어미인 '-(으)ㄴ데/-는데'를 반드시 활용하게 한다. 이런 활동은 단순 쓰기보다 흥미롭고, 그림 해석이 어려운 학습자한테는 무언극 형식으로 그림 안의 내용을 생동감 있게 전달할 수 있으므로 학습자의 쓰기 호기심을 유발하고 자극할 수 있다.

앞서 네 단계를 거쳐 진행된 수업 내용을 끝단계인 정리 단계에서 요점

2) 무언극은 말을 하지 않고 행동으로 보여주는 활동이다. 상황과 목적에 따른 적합한 얼굴 표정, 몸짓, 자세와 태도 등은 의사소통 능력의 사회언어학적 능력과 의사소통 전략의 개발에 중요하다. 이러한 능력의 개발은 실제 상황에서 언어를 사용하는데 많은 도움이 된다(배두본, 1997:399).

을 정리하고 실생활에서 정확히 사용하도록 권장하면서 수업을 마친다. 이 단계는 총 3분을 배정한다.

5.2.2. 검증

이 연구에서는 실험 집단과 비교 집단 학습자를 대상으로 한국어 연결어미 '-아도/-어도/-여도/-라도'와 '-(으)ㄴ데/-는데'를 수업하기 전에 사전 평가를 실시하고, 수업 후에는 학습 효과를 검증하기 위해 사후 평가(事後 評價)를 실시하였다. 그리고 최종적으로 얻은 평균 점수를 요인으로 대응표본 T-검정(Pairwise T-test)과 공분산 분석(ANCOVA)을 시행하여 결과를 분석하였다.

사전 평가 문제지와 사후 평가 문제지의 구성은 다음과 같다. 우선 연결어미 '-아도/-어도/-여도/-라도'의 사전 평가 문제지와 사후 평가 문제지는 모두 서로 다른 내용으로 13개 문항을 출제하였다. 여기에는 사지선다형 6문제, 단답형 4문제, 틀린 것을 바로 고쳐 쓰기 세 문제가 포함된다. 그리고 연결어미 '-(으)ㄴ데/-는데'의 사전 평가 문제지와 사후 평가 문제지는 모두 서로 다른 내용으로 10개 문항을 출제하였다. 여기에는 사지선다형 3문제, 단답형 5문제, 틀린 것을 바로 고쳐 쓰기 2문제가 포함된다. 사지선다형 문제는 주로 의미적 특성을 평가하기 위한 문항들로 구성하였고, 단답형은 형태적 특성을 평가하기 위한 문항들로 구성하였으며, 틀린 것을 바로 고쳐 쓰기는 통사적 특성을 평가하기 위한 문항들이다.

실험 연구를 통해 얻고자 하는 가설은 다음과 같이 세운다.

H_1[3)] : 실험 집단과 비교 집단에 대해 교육한 후 두 집단의 성적이 모두 유의하게 향상될 것이다.

---

3) H_1은 대립 가설을 뜻한다.

H_2 : 절충식 교수법을 활용한 실험 집단이 설명 위주의 전통교수법을 활용한 비교 집단보다 문법 지식이 향상될 것이다.

위의 가설을 검증하기 위해 대응표본 T-검정(Pairwise T-test)과 공분산 분석(Analysis of covariance : ANCOVA)을 시행하였다. 이 연구에서 유의수준(α)를 0.05로 정하고(α=0.05), 유의확률인 p값은 유의수준인 0.05보다 작을 때(p<α(0.05)) 통계적으로 유의미한 것으로 간주한다.

실험 집단과 비교 집단의 기술 통계는 다음의 〈표 46〉과 같다.

〈표 46〉 실험 집단과 비교 집단의 기술 통계[4)]

	그룹	N	평균	표준편차	평균의 표준오차
-아도_사전	1	20	66.25	20.123	4.500
	0	20	59.25	17.791	3.978
-아도_사후	1	20	89.25	11.616	2.597
	0	20	82.75	15.172	3.393
-은데_사전	1	20	59.50	16.376	3.662
	0	20	59.50	19.595	4.381
-은데_사후	1	20	90.75	10.036	2.244
	0	20	83.00	15.594	3.487

위의 〈표 46〉에서 연결어미 '-아도/-어도/-여도/-라도'의 사전 평가에서 실험 집단과 비교 집단은 각각 20명이 참가하였으며, 실험 집단의 평균 점수는 66.25, 표준편차는 20.12이고, 비교 집단의 평균 점수는 59.25, 표준편차는 17.79이다. 사후 평가에서 실험 집단은 평균 점수가 89.25, 표준편차는 11.62이며 비교 집단은 평균 점수가 82.75, 표준편

4) 통계에서 그룹을 '1'과 '0'으로 나타냈는데, '1'은 실험 집단이고, '0'은 비교 집단이다.

차는 15.17이다.

연결어미 '-(으)ㄴ데/-는데'의 사전 평가에서도 실험 집단과 비교 집단은 각각 20명이 참가하였으며, 실험 집단의 평균 점수는 59.50, 표준편차는 16.38이고, 비교 집단의 평균 점수는 59.50, 표준편차는 19.60이다. 사후 평가에서 실험 집단은 평균 점수가 90.75, 표준편차가 10.04이며 비교 집단은 평균 점수가 83.00, 표준편차는 15.59이다.

다음은 위에서 제시한 〈표 46〉의 기술통계 자료를 바탕으로 대응표본 T-검정(Pairwise T-test)과 공분산 분석(Analysis of covariance : ANCOVA)을 진행하였다.

먼저 대응표본 T-검정(Pairwise T-test)을 통해 사전 평가와 사후 평가에서 두 집단의 평균 점수가 어떤 차이를 보이는지 분석해 보았는데 그 결과는 다음 〈표 47〉과 같다.

〈표 47〉 실험 집단과 비교 집단의 대응 표본 통계량

		평균	N	표준편차	평균의 표준오차
대응 1	-아도_사전	62.75	40	19.080	3.017
	-아도_사후	86.00	40	13.737	2.172
대응 2	-은데_사전	59.50	40	17.824	2.818
	-은데_사후	86.88	40	13.525	2.139

위의 〈표 47〉에서 보는 바와 같이 '-아도/-어도/-여도/-라도'의 사전 평가 평균 점수는 62.75이고 사후 평가 점수는 86.00으로서 처치 후 23.25점 향상되었다. 그리고 '-(으)ㄴ데/-는데'의 사전 평가 평균 점수는 59.50이고 사후 평가 점수는 86.88으로서 처치 후 27.38점 향상되었다. 이 결과들이 통계적으로 유의한지에 대해 검정한 결과는 다음 〈표 48〉과 같다.

〈표 48〉 실험 집단과 비교 집단의 대응 표본 검정

		대응차					t	자유도	유의확률(양쪽)
		평균	표준편차	평균의 표준오차	차이의 95% 신뢰구간				
					하한	상한			
대응 1	-아도 사전 -아도 사후	-23.25	13.23	2.09	-27.48	-19.02	-11.11	39	.000
대응 2	-은데 사전 -은데 사후	-27.38	14.63	2.31	-32.05	-22.70	-11.83	39	.000

위의 〈표 48〉에서 보다시피 '-아도/-어도/-여도/-라도'와 '-(으)ㄴ데/-는데'의 처치 후의 결과가 유의한지에 대해 실험 집단과 비교 집단의 대응 표본을 검정한 결과 $p(=0.001)>\alpha(=0.05)$이기에 통계적으로 유의한 것이다. 즉 가설 1에서 설정한 대로 실험 집단과 비교 집단에 대해 교육한 후 두 집단의 성적이 모두 유의하게 향상된 것이다.

사전에 실험 집단과 비교 집단 간의 차이를 통제하기 위해 사전 점수를 공변인(covariate)으로 삼아 공분산 분석(Analysis of covariance : ANCOVA)한 결과는 다음의 〈표 49〉와 같다.

〈표 49〉 절충식 교수법을 활용한 '-아도'의 사후 분석 결과

종속 변수: -아도_사후

-아도_ANCOVA	소스	제III 유형 제곱합	자유도	평균 제곱	F	유의확률	부분 에타 제곱
	수정 모형	3905.856	2	1952.928	20.919	.000	.531
	절편	9466.029	1	9466.029	101.398	.000	.733
	아도_사전	3483.356	1	3483.356	37.313	.000	.502

그룹	85.238	1	85.238	.913	.346	.024
오차	3454.144	37	93.355			
합계	303200.000	40				
수정 합계	7360.000	39				

연결어미 '-아도/-어도/-여도/-라도'의 사전 평가 점수를 통제한 상태에서 실험 집단과 비교 집단 간의 사후 평가를 비교한 결과 유의확률이 p(=0.346)>α(=0.05)으로 통계적으로 유의한 차이가 없었다. 즉 절충식 교수법을 적용한 실험 집단과 설명 위주의 전통식 교수법을 적용한 비교 집단은 학습 효과 차이가 없었음을 보여 준다.

연결어미 '-(으)ㄴ데/-는데'의 공분산 분석 결과는 다음의 〈표 50〉과 같다.

〈표 50〉 절충식 교수법을 활용한 '-(으)ㄴ데'의 사후 분석 결과

종속 변수: -(으)ㄴ데_사후

소스	제III 유형 제곱합	자유도	평균 제곱	F	유의확률	부분 에타 제곱
수정 모형	3120.412	2	1560.206	14.382	.000	.437
절편	11601.824	1	11601.824	106.944	.000	.743
은데_사전	2519.787	1	2519.787	23.227	.000	.386
그룹	600.625	1	600.625	5.536	.024	.130
오차	4013.963	37	108.485			
합계	309025.000	40				
수정 합계	7134.375	39				

연결어미 '-(으)ㄴ데/-는데'는 사전 평가에서 실험 집단과 비교 집단 간에 차이가 없었다. 그러나 앞서 〈표 47〉에서 본 바와 같이 실험 후 사후 평가에서의 평균 점수는 7.75점 차이가 났다. 사전 평가 점수를 통제한

상태에서 두 그룹의 사후 평가를 비교한 결과 유의확률이 p(=0.024)<α (=0.05)으로 통계적으로 유의하였다. 즉 사전 점수를 통제한 후에도 절충식 교수법을 적용한 실험 집단과 설명 위주의 전통식 교수법을 적용한 비교 집단을 비교해 보면 실험 집단이 처치 효과가 있었다.

위에서 분석해 본 바와 같이 연결어미 '-아도/-어도/-여도/-라도'와 '-(으)ㄴ데/-는데'에 대한 대응표본 T-검정(Pairwise T-test)에서는 절충식 교수법을 활용한 실험 집단이나 설명 위주의 전통식 교수법을 활용한 비교 집단 모두 처치 후 사후 평가 평균 점수가 사전 평가 평균 점수보다 통계적으로 유의하게 나왔다. 다음 사전에 존재하는 두 집단 간의 차이를 통제하기 위해 사전 점수를 공변인(covariate)으로 삼아 공분산 분석(Analysis of covariance : ANCOVA)을 하였다. 그 결과 연결어미 '-아도/-어도/-여도/-라도'는 유의하지 않고 '-(으)ㄴ데/-는데'는 유의한 것으로 나왔다. 전체적으로 봤을 때 절충식 교수법을 적용하여 수업을 할 때 학습 효과가 있다는 것은 통계적으로 유의한 것이다.

절충식 교수법을 적용하여 수업을 한 후에 학습자의 수업에 대한 만족도와 선호도를 조사하기 위해 실험 집단을 대상으로 사후 설문을 진행하였으며, 문항은 총 4개로 구성하였다.

첫 번째 문항은 학습자가 지금까지 한국어 문법 수업을 어떤 방식으로 받아왔는지에 대한 설문이다. 그 결과를 분석해 보면 다음 〈표 51〉과 같다.

〈표 51〉 기존 문법 수업 방식에 대한 설문 결과

문항 1: 지금까지 어떤 방식으로 한국어 문법 수업을 받았습니까?	
① 교사의 설명을 듣고 연습을 많이 하였다.	17명(85%)
② 어려운 문법은 교사가 중국어로 설명해 주었다.	1명(5%)
③ 동영상이나 노래 같은 시청각 자료를 활용하였다.	2명(10%)
④ 조를 나누어서 역할극을 통해 학습하였다.	0명
⑤ 회화 위주로 하고 문법은 자세히 공부하지 않았다.	0명

위의 〈표 51〉을 보면 전체 응답 인원 20명 중에서 무려 17명(85%)이 지금까지 교사 설명과 연습 문제 풀이하는 형식으로 문법 수업을 받아왔다고 응답하였으며, 문법-번역식 교수법에 대한 설문에서는 1명(5%) 학생이 교사가 어려운 문법은 중국어로 설명해 준다고 응답하였다. 그리고 시청각 교수법인 동영상이나 노래 같은 시청각 자료를 활용한 문법 수업을 받아 본 적이 있다고 응답한 학생은 2명(10%)으로 많지 않았다. 그리고 역할 놀이법에 관한 설문 4번과 회화 위주 수업에 관한 설문 5번에 대해 응답한 학생은 한 명도 없었다. 따라서 문항 1에 대한 분석으로부터 대부분 교사가 아직 설명 위주의 전통식 교수법으로 문법 수업을 하고 있음을 알 수 있다.

절충식 교수법을 활용한 수업의 흥미도에 관한 설문 결과는 다음 〈표 52〉와 같다.

〈표 52〉 수업의 흥미도에 관한 설문 결과

문항 2: 절충식 교수법을 활용한 수업이 흥미로웠습니까?	
① 매우 흥미로웠다.	12명(60%)
② 약간 흥미로웠다.	5명(25%)
③ 보통이었다.	3명(15%)
④ 약간 흥미롭지 않았다.	0명
⑤ 매우 흥미롭지 않았다.	0명

위의 〈표 52〉에서 보다시피 절충식 교수법을 활용한 수업의 흥미도에 대한 설문에서 60%의 학습자가 '매우 흥미로웠다'를, 25%의 학습자가 '약간 흥미로웠다'를, 15%의 학습자가 '보통이었다'를 답하였다. 약 85%의 학습자가 절충식 교수법을 적용한 수업에 대해 흥미를 느꼈다고 답한 것으로 보아 절충식 교수법은 학습자의 흥미를 유발시키는 데에 효과가 있음을 알 수 있다.

다음은 절충식 교수법을 활용한 수업이 예전에 들었던 문법 수업에 비해 효과적인지에 대한 설문인데 그 결과는 다음 〈표 53〉과 같다.

〈표 53〉 절충식 교수법의 효과성에 대한 설문 결과

문항 3: 절충식 교수법을 활용한 수업이 예전에 들었던 문법 수업에 비해 효과적이라고 생각합니까?	
① 매우 그렇다.	7명 (35%)
② 그렇다.	7명 (35%)
③ 보통이다.	5명 (25%)
④ 별로 그렇지 않다.	1명(5%)
⑤ 전혀 그렇지 않다.	0명

위의 〈표 53〉에서 보면 절충식 교수법의 효과성에 대해 묻는 문항에서 35%의 학습자가 '매우 그렇다', 35%의 학습자가 '그렇다', 25%의 학습자가 '보통이다', 5%의 학습자가 '별로 그렇지 않다'라고 답하였다. 전체적으로 봤을 70%의 학습자가 절충식 교수법을 활용한 수업이 기존에 학습자가 들었던 문법 수업에 비해 효과적이라고 답한 것으로 보아, 대부분 학습자가 절충식 교수법을 통해 목표 문법을 학습함에 있어 긍정적인 효과가 있었다는 것을 엿볼 수 있다.

절충식 교수법을 활용한 문법 수업을 계속 받고 싶은 생각이 있는가에 대한 설문 결과는 다음 〈표 54〉와 같다.

〈표 54〉 절충식 교수법의 선호도에 관한 설문 결과

문항 4: 앞으로 절충식 교수법을 활용한 문법 수업을 계속 받고 싶습니까?	
① 매우 그렇다.	11명 (55%)
② 그렇다.	5명 (25%)
③ 보통이다.	3명 (15%)
④ 별로 그렇지 않다.	1명(5%)
⑤ 전혀 그렇지 않다.	0명

절충식 교수법의 선호도에 관해 설문한 결과 55%의 학습자가 '매우 그렇다', 25%의 학습자가 '그렇다', 15%의 학습자가 '보통이다', '5%'의 학습자가 '별로 그렇지 않다'고 응답하였다. 따라서 대부분 학생이 절충식 교수법을 활용한 문법 수업을 선호한다는 것을 알 수 있다.

절충식 교수법을 적용하여 수업을 한 후에 학습자의 수업에 대한 만족도와 선호도를 조사한 결과 대부분 학습자는 긍정적인 반응을 보였다. 예전에 설명 위주의 문법 수업을 받았던 대부분 학습자가 시청각 교수법과 역할 놀이법, 그리고 직접 교수법과 의미 중심 형태 교수법 등 다양한 교수법을 활용한 절충식 교수법을 적용한 수업을 통해 학습에 주도적으로 참여하게 되고 학급 친구들과 협동하는 과정에서 흥미도 느끼게 된 것으로 파악되었다. 절충식 교수법은 학습자의 한국어 문법 실력을 향상시키고, 학습자의 수업에 대한 흥미도, 만족도, 선호도 등도 높아 한국어 문법 교육에 효과가 있는 교수법이다.

6

결론

지금까지 이 책에서는 중국어권 한국어 학습자를 위한 한국어 연결어미의 교육 방안 탐구의 일환으로 한국어의 연결어미 중에서 사용 빈도와 오류 빈도가 높은데 기존의 연구에서 많이 다루지 않은 연결어미인 '-아도/-어도/-여도/-라도'와 '-(으)ㄴ데/-는데'를 효과적으로 교육할 수 있는 방안을 고찰하였다.

우선 중국어권 한국어 학습자가 실제로 한국어의 연결어미를 사용함에 있어서 주로 어떤 오류 양상을 보이는지 알아보기 위해 초급·중급·고급 중국어권 한국어 학습자가 쓴 작문 자료를 분석하였다. 그 결과는 다음과 같다.

1) 초급 작문에서 학습자가 사용한 연결어미는 총 8개였으며 사용 빈도는 106회였다. 오류 양상을 보면 형태적 오류가 41.67%로 가장 높았고, 다음으로는 통사적 오류가 33.33%, 의미적 오류가 25%였다.

2) 중급 작문에서 학습자가 사용한 연결어미는 총 18개였으며 사용 빈도는 455회였다. 오류 양상을 보면 형태적 오류가 46.60%로 가장 높았고, 다음으로는 의미적 오류가 32.95%, 통사적 오류가 20.45%였다.

3) 고급 작문에서 학습자가 사용한 연결어미는 총 32개였으며 사용 빈도는 616회였다. 오류 양상을 보면 의미적 오류가 56.45%로 가장 높았고, 다음으로는 형태적 오류가 30.65%, 통사적 오류가 12.90%였다.

그리고 외국인 학습자를 위한 교육용 연결어미 목록을 선정하기 위해 우선 한국의 초등학교 국어 읽기 교과서 12권에 쓰인 연결어미를 분석하고, 5개 대학 기관에서 출판한 외국인을 위한 한국어 교재도 초급부터 고급까지 분석하여 각 급에 따른 연결어미 목록을 선정하였다. 이렇게 두 교과서를 분석한 최종 결과를 바탕으로 외국인 학습자를 위한 교육용 연결어미 목록을 선정하였는데 그 결과는 다음 〈표 55〉와 같다.

〈표 55〉 외국인 학습자를 위한 교육용 연결어미의 목록

급별	연결어미
초급	-거나, -고(나열, 순서), -ㄴ(으)데/-는데(대조), -(으)니/-(으)니까, -다가, -(으)러, -(으)려고, -(으)면, -(으)면서, -아서/-어서/-여서/-라서(이유, 순서), -아야/-어야/-여야, -지만
중급	-고(수단·방법, 계기, 이유), -아서/-어서/-여서(계기), -도록,-아도/-어도/-여도/-라도, -ㄴ(으)데/-는데(배경), -(으)ㄴ지/-는지, -느라고, -다고, -다면, -게, -더니, -더라도, -길래, -듯(이), -(으)ㄹ수록, -라고, -라면, -려면, -며, -(으)므로, -ㄹ지라도, -자마자
고급	-고서, -거든, -기에, -든지, -거니와, -건만, -고도, -고자, -ㄴ즉/-는즉, -나, -느니, -다니, -되, -ㄹ뿐더러, -라, -아서야/-어서야/-여서야, -자, -지, -(으)ㄴ들, -(으)니(나열), -다시피, -아야지/-어야지/-여야지

중급 작문에 쓰인 연결어미의 오류 빈도와 연결어미에 대한 선행 연구를 의미별로 선별(選別)한 자료를 토대로 중급 목록 중에서 사용 빈도와 오류 빈도가 높은데 기존의 연구에서 많이 다루지 않은 연결어미를 선정하였다. 그 연결어미들은 '-아도/-어도/-여도/-라도'와 '-(으)ㄴ데/-는데'이다. 이 두 연결어미의 교수-학습안을 작성하기 위해 우선 이것들의 의미적 특성과 통사적 특성을 고찰하였다. 이 두 연결어미의 의미에 대한 문법학자들의 의견이 분분하기 때문에 기존 학자들의 견해를 종합한 후 그중에서 공통된 의미를 교육 내용으로 삼았다.

연결어미 '-아도/-어도/-여도/-라도'와 '-(으)ㄴ데/-는데'의 의미적 특성은 다음과 같다.

1) 연결어미 '-아도/-어도/-여도/-라도'는 학자에 따라 '양보', '사실 방임', '가정', '대립', '대조', '첨가', '강조', '기대 부정' 등으로 다양하게 분석하고 있다. 그런데 한국어문법학자들이 공통으로 간주하고 있는 '-아도/-어도/-여도/-라도'의 의미는 '양보', '조건 ([+사실] 조건, [-사실]조건)', '대립·대조' 등이다.

2) 연결어미 '-(으)ㄴ데/-는데'는 학자에 따라 그 의미를 '대립', '대조',

'설명', '배경', '이유 · 원인', '원인 · 근거', '시간', '상황', '양보' 등으로 다양하게 분석하고 있는데, 한국어문법학자들이 공통으로 간주하고 있는 '-(으)ㄴ데/-는데'의 의미는 '대립'과 '배경이나 상황에 대한 설명'이다.

연결어미 '-아도/-어도/-여도/-라도'와 '-(으)ㄴ데/-는데'의 통사적 특성은 주어 일치 제약, 시제 선어말어미 제약, 선행절 서술어 제약, 후행절 서법 제약, 부정부사 '안'과 '못'의 제약 등 다섯 가지로 나누어 살펴보았다. 그 결과를 요약하여 적으면 다음과 같다.

1) 연결어미 '-아도/-어도/-여도/-라도'는 미래 시제 선어말어미의 제약만 받을 뿐 기타 나머지 통사적인 제약(制約)은 받지 않는다.

2) 연결어미 '-(으)ㄴ데/-는데'는 과거 시제 선어말어미와 미래 시제 선어말어미의 제약을 받으며, 기타 나머지 통사적인 제약은 받지 않는다.

이상 내용을 바탕으로 이 두 연결어미의 실제 교수-학습안을 작성하였다. 교수-학습안은 WTPPF 모형과 절충식 교수법(Eclectic Approach)을 적용하여 작성하였다. 이러한 교수-학습안을 수업 현장에 적용하여 실험 연구를 하고, 대응표본 T-검정(Pairwise T-test)과 공분산 분석(Analysis of covariance : ANCOVA) 등 두 가지 통계 기법을 통해 그것의 유효성을 검증하였다. 실험 연구 결과는 다음과 같다.

1) 연결어미 '-아도/-어도/-여도/-라도'와 '-(으)ㄴ데/-는데'에 대한 대응표본 T-검정(Pairwise T-test)에서는 절충식 교수법을 활용한 실험 집단이나 설명 위주의 전통식 교수법을 활용한 비교 집단 모두 처치 후 사후 평가가 사전 평가 평균 점수보다 통계적으로 유의(有意)하게 나왔다. 즉 실험 집단과 비교 집단에 대해 교육한 후 두 집단의 성적이 모두 유의하게 향상될 것이라는 가설1이 입증되었다.

2) 두 집단 간의 차이에 대한 유의성을 검증하기 위해 공분산 분석(Analysis of covariance : ANCOVA)을 하였다. 이때 사전에 존재하는 두 집단 간의 차이를 통제하기 위해 사전 점수를 공변인(covariate)으로 삼았다. 그 결과 연결어미 '-아도/-어도/-여도/-라도'는 유의하지 않

고 '-(으)ㄴ데/-는데'는 유의한 것으로 나왔다. 따라서 절충식 교수법을 활용한 실험 집단이 설명 위주의 전통교수법을 활용한 비교 집단보다 문법 지식이 향상될 것이라는 가설2도 입증되었다.

그리고 마무리 단계에서 절충식 교수법을 적용한 수업에 대한 학습자의 흥미도, 만족도, 선호도를 알아보기 위해 사후 설문 조사를 하였는데 대부분 학습자가 긍정적인 반응을 보였다. 그 결과를 요약하면 다음과 같다.

1) 학습자가 지금까지 한국어 문법 수업을 어떤 방식으로 받아왔는지에 대해 설문한 결과 85%의 학습자가 교사 설명 위주의 수업을 받아왔다고 응답하였다. 이어서 절충식 교수법을 활용한 수업이 흥미로웠는지에 대해 묻는 항목에서는 60%의 학습자가 '매우 흥미로웠다', 25%의 학습자가 '약간 흥미로웠다'고 응답하였으며 15%의 학습자만이 보통이다고 응답하였다. 이는 교사 설명 위주의 문법 수업을 받아온 학습자가 절충식 교수법에 흥미를 느꼈다는 것이다. 즉 절충식 교수법은 학습자의 흥미를 유발시키는 데에 효과가 있다는 것을 알 수 있다.

2) 절충식 교수법을 활용한 수업이 예전에 들었던 문법 수업에 비해 효과적인지에 묻는 항목에서는 35%의 학습자가 '매우 그렇다', 35%의 학습자는 '그렇다', 25%의 학습자는 '보통이다'라고 응답했으며, 5%의 학습자만이 '별로 그렇지 않다'고 응답하였다. 이는 대부분 학습자가 절충식 교수법을 통해 목표 문법을 학습함에 있어 긍정적인 효과가 있었다는 것을 시사한다.

3) 절충식 교수법을 활용한 문법 수업을 계속 받고 싶은지에 대해 묻는 항목에서는 55%의 학습자가 '매우 그렇다', 25%의 학습자가 '그렇다', 15%의 학습자가 '보통이다', '5%'의 학습자가 '별로 그렇지 않다'고 응답하였다. 따라서 대부분 학생이 절충식 교수법을 활용한 문법 수업을 선호한다는 것을 알 수 있다.

이와 같이 위에서 제시한 실험 결과는 절충식 교수법은 한국어 문법 교육에 효과적인 교수법임을 뒷받침하는 것이다.

이 책에서는 고립어를 제1차 언어로 사용하는 중국어권 한국어 학습자를 위한 한국어 연결어미 교육 방안에 대해서 탐구하였는데, 앞으로는 굴절어나 그 밖의 교착어를 제1차 언어로 사용하는 외국인 한국어 학습자를 위한 한국어 조사나 어미의 교육 방안에 대해서 실험 연구를 할 필요가 있다.

참고문헌

1. 논문

賈 潔(2009), 한국어 연결어미 '-고'에 대한 연구, 중국인 학습자의 사용 오류 양상을 중심으로, 인천대학교 석사 학위 논문.

강미선(1990), 오류분석에 관한 연구, 고려대학교 교육대학원 석사 학위 논문.

강성춘(2011), 국어연결어미의 연구, 고등학교 국어교과서를 중심으로, 상지대학교, 박사 학위 논문.

강 악(2011), 접속어미 '-고'에 대응하는 중국어 접속표현 연구, 건국대학교 석사 학위 논문.

강인환(1996), 접속어미 '-러, -려고, -고자'에 대한 연구, 한국어외국어대학교 교육대학원 석사 학위 논문.

강현화(2009), 최신 문법 교수 이론의 경향과 한국어 교육에의 적용, 문법교육 11, 한국문법교육학회.

공혜남(2012), 중국어권 학습자를 위한 한국어 양보 관계 연결어미 교육 연구, 인하대학교 석사 학위 논문.

구 슬(2013), 한국어교육용 양보 연결어미에 대한 연구, 문법 항목 선정과 배열을 중심으로, 연세대학교 석사 학위 논문.

구민영(2012), 중국어권 한국어 학습자를 위한 연결어미 '-는데' 교육 방안 연구, 한국외국어대학 석사 학위 논문.

구민정(2008), 한국어교육에서의 연결문 시간 표현 연구, 한국외국어대학교 석사 학위 논문.

권미정(2011), 고등학생의 연결어미 지도방안 연구, 한양대학교 석사 학위 논문.

권수정(2010), 한국어 교육을 위한 양보관계 연결어미 교수・학습방안 연구, 서울여자대학교 석사 학위 논문.

권재일(2000), 한국어 교육을 위한 표준 문법의 개발 방향, 새국어생활 10-2, 국립국어연구원.

길지혜(2010), 한국어 구어 교육을 위한 연결어미 연구, 동국대학교 석사 학위 논문.

김동수(2011), 순서 표현 연결어미 '-고'와 '-어서'의 연구, 경희대학교 석사 학위 논문.

김동숙(2010), 한국어 연결어미의 효율적 지도 방안 연구 : 목적 표현 연결어미 '-려고'를 중심으로, 강원대학교 석사 학위 논문.

김문길・김기왕(1999), 고등학교 일본어를 효과적으로 지도할 수 있는 방법(1), 시청각교육을 중심으로, 外大論叢 19-5, 193~214쪽.

김미옥(2002), 학습 단계에 따른 한국어 학습자 오류의 통계적 분석, 외국어로서의 한국어교육 27, 연세대학교 한국어학당.

金炳烈(1981), 國語連結語尾의 意味論的 硏究, 명지대학교 석사 학위 논문.

김상수・송향근(2006), 한국어 교육의 오류분석 연구 동향 분석, 이중언어학 제31호.

김수미(2010), 여성결혼이민자 담화에 나타난 연결어미 오류 분석 연구, 경희대학교 교육대학원 석사 학위 논문.

김수정(2001), 한국어 교사를 위한 멀티미디어 자료 구성에 대한 연구, 국어교육 108, 한국어교육연구회.

김수정(2004), 한국어 문법교육을 위한 연결어미 연구, 서울대학교 박사 학위 논문.

김수진(2011), 한국어 교육에서의 시간관계 연결 어미의 교육 연구, 충남대학교 석사 학위 논문.

김숙자(2013), 인과관계 연결어미 '-어서'와 '-니까'의 교수 학습 방안 연구, 한성대학교 석사 학위 논문.

김승곤(1981), 한국어 연결형 어미의 의미 분석 연구 1, 한글 173-174, 한글학회.

김승은(2008), 역할 놀이를 통한 고전소설 교육 활용 방안 연구, 〈흥부전〉, 〈김인향전〉을 중심으로, 아주대학교 석사 학위 논문.

김유미(2000), 학습자 말뭉치를 이용한 한국어 학습자의 오류분석 연구, 연세대학교 석사 학위 논문.

김유정(1998), 외국어로서의 한국어 문법 교육-문법 항목 선정과 단계화를 중심으로, 한국어교육 9-1, 국제한국어교육학회.

김윤정(2003), 국어양보 접속어미에 관한 연구, 대구대학교 교육대학원 석사 학위 논문.

김재욱(2003), 외국어로서의 한국어 문법 교육: 한국어 교육 문법의 제시 원리와 체계를 중심으로, 이중언어학 22호.

김정남(2006), 한국어 학습자의 오류 유형에 대한 연구: 시제 및 연결어미 중심으로, 이중언어학 32, 이중언어학회, 115~138쪽.

김정숙(1997), 외국어로서의 한국어 교육 원리 및 방법, 한국어학 6-1, 한국어학회, 117~133쪽.

김정은(2002), 외국어로서의 한국어 문법 교육, 한말연구 제11호, 한말연구학회.

김정은(2003), 한국어교육에서의 중간언어와 오류분석, 한국어교육 14권 1호, 국제한국어교육학회.

김중섭(2002), 한국어 학습자의 연결어미 오류 양상에 관한 연구, 한국어교육 13-2, 국제한국어교육학회, 87~109쪽.

김지연(2009), 한국어 학습자의 연결어미 '-고' 습득, 고려대학교 언어학과 실용언어학, 석사 학위 논문.

金春慶(1987), 接續文의 連結語尾 '-고' 硏究, 청주대학교 석사 학위 논문.

김향숙(2012), 중국어권 학습자를 위한 한국어 연결어미 교육 연구, 충남대학교 박사 학위 논문.

김형옥(1994), 조건관계 접속어미 연구, 조선대학교 교육대학원 석사 학위 논문.

김희정(2011), 한국어 학습자를 위한 '-아서, -니까'의 교육 방안, 동덕여자대학교 석사 학위 논문.

나혜숙(2012), 중국인 한국어 학습자의 조건 관계 연결어미 습득 양상 연구, '-(으)면, -거든, -어야'를 중심으로, 이화여자대학교 석사 학위 논문.

駱 莎(2012), 한국어 이유·원인 연결표현 교육 연구, 중앙대학교 석사 학위 논문.

남수경·채숙희(2004), 한국어 학습자의 연결어미 사용 연구, 한국어교육 15-1, 국제한국어교육학회, 33~50쪽.

甯 珂(2014), 중국인 학습자를 위한 한국어 목적 연결어미 교육 방안 연구, -孔枝泳『우리들의 행복한 시간』 원문 및 중역본을 활용하여-, 중앙대학교 석사 학위 논문.

노민경(2008), 중국인 학습자를 위한 연결어미 '-고'의 교수 방안, 경희대학교 교육대학원 석사 학위 논문.

대사화미(2013), 일본인 한국어 학습자의 이유 원인 표현 교육에 대한 연구, - '-어서'와 '-니까'를 중심으로, 연세대학교 석사 학위 논문.

두 연(2012), 중국학습자 대상의 인과연결어미 '-아서/어서' 교수 방안, 시청각교수법과 의사소통교수법 중심으로, 공주대학교 석사 학위 논문.

LiuLu(2013), 한국어와 중국어 인과관계 구문의 대조 연구, '-아/어서'와 '因爲 …所以 …', '-(으)니까'와 '旣然 …就 …'를 중심으로, 경희대학교 석사 학위 논문.

류선영(2006), 외국어로서의 한국어 연결어미 교육 방안, 계명대학교 교육대학원 석사 학위 논문.

牟善芹(2008), 인과관계 연결어미의 교육에 대한 연구, 인천대학교 석사 학위 논문.

민찬규(2002), 형태 초점 의사 소통 접근 방법: 교수법적 특징과 영어 교육에의 적용 방안, Foreign Language Education, 9(1), 69~87쪽.

민현식(2003), 국어 문법과 한국어 문법의 상관성, 한국어교육 14-2, 국제한국어교육학회, 107~141쪽.

박경남(2012), 한국어 학습자의 양보 연결어미 습득 연구, 이화여자대학교 석사 학위 논문.

박대범(2008), 한국어 학습자를 위한 이유·원인의 연결표현 교육 연구, 상명대학교 석사 학위 논문.

박동호(2006), 한국어 연결어미의 분석과 그 교육 방안, 한국언어문화교육학회 학술대회 2006-1, 18~23쪽.

박미경(2010), 한국어 교육에서 연결어미 '-으니'와 '-으니까'의 관계에 대한 연구, 동국대학교 석사 학위 논문.

朴性玟(1993), 外國語로서의 韓國語敎育을 위한 接續語尾 '-아서'와 '-니까'의 實驗的 硏究, 이화여자대학교 석사 학위 논문.

박소라(2010), 한국어 학습자를 위한 시간관계 연결표현 교육 연구, 한양대학교 교육대학원

박재연(2009), 연결어미와 양태, 한국어 의미학 30, 119~141쪽.

박지현(1996), 연결어미 '-는데'의 의미·통사적 특징, 한국외국어대학교 석사 학위 논문.

박희순(1995), 현대 국어 접속어미에 대한 연구: '-면'과 '-거든'을 중심으로, 성심여자대학교 석사 학위 논문.

반 초(2014), 중국어권 학습자를 위한 한국어 연결어미 연구, '-아서, -느라고'를 중심으로, 상명대학교 석사 학위 논문.

방성원(2002), 한국어 교육용 문법 용어의 표준화 방안, 한국어교육 제13권 1호, 국제한국어교육학회.

배영은(2002), 연결어미 '-어/어서'와 '-니/니까'에 대한 비교 고찰, 목포대학교, 석사 학위 논문.

변혜원(2006), 노래를 활용한 한국어 수업모형 연구, 이화여자대학교 교육대학원, 석사 학위 논문.

徐 惺(2012), 한국어 접속어미와 중국어 접속사에 대한 비교연구, -의미론적 기능을 중심으로, 명지대학교 교육대학원, 석사 학위 논문.

徐瀟瀟(2012), 한국어 종결어미와 중국어 연사의 대조 연구, -인과관계를 중심으로, 동국대학교 석사 학위 논문.

서정섭(1991), 국어 양보문 연구, 전북대학교 박사 학위 논문.

서정수(1973), 접속어미 "{ㄴ/는데}"에 관하여, 국어국문학 61호, 국어국문학회, 96~98쪽.

서희정·홍윤기(2010), 한국어 교육에서 양보 연결어미에 대한 비판적 고찰, 새국어교육 86, 185~208쪽.

성기철(2002), 외국어로서의 한국어 문법 교육, 국어교육 107, 한국국어교육연구학회.

성선월(2001), 한국어의 조건 표현 어미의 교육에 대한 연구, 중국인을 위한 한국어 교육을 위하여, 서울대학교 석사 학위 논문.

성지연(2012), 형태 초점 교수를 통한 한국어 내포문 교육 연구, 관형사절과 명사절을 대상으로, 고려대학교 박사 학위 논문.

성진선(2002), 외국인을 위한 한국어 교육의 연구: 연결어미를 중심으로, 창원대학교 석사 학위 논문.

소 홍(2013), 중국인 학습자를 위한 한국어 인과관계 연결어미 교육 연구, - '-어서'와 '-니까'를 중심으로, 세종대학교 석사 학위 논문.

蘇文娟(2010), 한국어와 중국어의 문장연결 비교 연구, '-고, -면서'를 중심으로,

청주대학교 석사 학위 논문.

손 박(2014), 중국인 한국어 학습자를 위한 연결어미 '-는데'의 교육 방안 연구, 전남대학교 석사 학위 논문.

손 결(2011), 한국어 연결어미의 교육 방안 연구, 중국 내 한국어 교재를 중심으로, 한성대학교 석사 학위 논문.

손다정(2010), 절충식 탐구 학습 모형을 활용한 한국어 문법 교육 방안, 중·고급을 중심으로, 한국문법교육학회 학술발표논문집, no.2, 145~152쪽

손재은(2007), 연결어미 "-ㄴ데"의 수업 지도 방안 연구, 한국어교육 18-1, 국제한국어교육학회, 187~205쪽.

孫曉宇(2012), 중국인 학습자를 위한 한국어 인과관계 연결표현 교육 방안 연구, -朴婉緖의 『휘청거리는 오후』 원본 및 중역본을 활용하여-, 중앙대학교 석사 학위 논문.

송대헌(2008), 한국어 초급 교재 학습자를 위한 연결어미 교육방안 연구, 청주대학교 교육대학원 석사 학위 논문.

송주영(2002), 한국어 학습에 나타나는 오류 연구: 어미를 중심으로, 한국외국어대학교 석사 학위 논문.

쉬옌보(2014), 중국인 학습자를 위한 한국어 양보관계 연결어미 교육 방안, 호남대학교 석사 학위 논문.

안나영(2011), 의식 상승 과제 활동을 통한 한국어 연결 어미 교육 연구, '-(으)ㄴ/는데'를 중심으로, 경희대학교 석사 학위 논문.

안연진(2011), 한·중 접속문 대조 분석과 교육적 활용에 대한 연구, 원인·이유 연결표현을 중심으로, 동국대학교 중어중문학과 석사 학위 논문.

안주호(2002), 한국어 교육에서의 [원인] 연결어미에 대하여, 한국어교육 13-2, 국제한국어교육학회, 159~180쪽.

안주호(2006), 현대국어 연결어미 '-면서'에 관한 고찰, 현대문법연구 45, 181~200쪽.

안주호(2008), 한국어 교육에서 연결어미의 교수방안에 대한 연구: '-길래'를 중심으로, 한말연구 1-22, 193~220쪽.

안찬원(2000), 국어 조건관계 연결어미의 의미계층구조 연구, 연세대학교 석사 학위 논문.

양명화(2010), 중국어권 학습자를 위한 한국어 인과관계 연결어미 교육 연구, 서울대학교 석사 학위 논문.

양영진(2001), 국어 연결어미 '-아서'와 '-(으)니까'에 대한 연구, 경상대학교 석사 학위 논문.

연봉월(2009), 한국어 학습자의 연결어미 오류 분석을 통한 교육 방안 연구, 충남대학교 석사 학위 논문.

오열명(2014), 한국어 양보 연결어미의 중국어 번역 양상 연구, - '-아/어도', '-더라도', '-ㄹ지라도'를 중심으로, 동국대학교 석사 학위 논문.

오항우(2013), 한·중 조건문 대조 연구, 숭실대학교 석사 학위 논문.

왕 기(2014), 중국인 학습자를 대상으로 한 목적 표현 연결어미 교육 연구, 인천대학교 석사 학위 논문.

왕루한(2014), 한·중 문장 조건 연결어미의 대조 연구, - '-면, -거든, - 다면, -더라면, -어야'를 중심으로-, 한양대학교 석사 학위 논문.

왕묘페이(2013), 한국어 학습자를 위한 조건 연결어미 교육 방안 연구, 전남대학교 석사 학위 논문.

왕수려(2009), 양보표현에 대한 한·중 대조 연구, 한양대학교 석사 학위 논문.

왕영영(2010), 한국어와 중국어의 조건표현 대비 연구, 충남대학교 석사 학위 논문.

왕정춘(2003), 중국인 위한 韓·中 대조분석, -'因爲…所以…', '旣然… 就…'와 '-어서', '-니까'를 중심으로, 연세대학교 석사 학위 논문.

牛永麗(2013), 중국인 학습자를 위한 한국어 인과관계 연결어미 '-아서' 와 '-니까'의 교육방안 연구, 전남대학교 석사 학위 논문.

袁 園(2009), 中國人 學習者를 위한 韓國語 連結語尾 敎育 方案 硏究, '-면서'를 中心으로, 중앙대학교 석사 학위 논문.

魏 娜(2010), 中國語圈 學習者를 위한 韓國語 連結語尾 敎育 方案에 관한 硏究, 중앙대학교 석사 학위 논문.

유금화(2014), 중국어권 한국어 학습자를 위한 한국어 연결어미 교육연구, 충남대학교 석사 학위 논문.

柳穆相(1984), 活用體系를 통해 본 連結敍述形語尾 硏究 , 단국대학교 박사 학위 논문.

유태령(2010), 형태 초점 접근법을 활용한 한국어 추측 표현 단원 구성 방안, 부산대학교 석사 학위 논문.

유혜령(1993), 대립과 양보의 접속어미: 접속어미 '-지만', '-으나', '-어도'에 대한 연구, 연세대학교 석사 학위 논문.

유혜령(2005), 국어지식 교육을 위한 '국어 연결어미 연구', 한국교원대학교 박사 학위 논문.

尹敬愛(2008), 중국대학생들을 위한 한국어 연결어미 교육 연구, 조건 표현 연결어미를 중심으로, 고려대학교 박사 학위 논문.

윤정희(2001), 초등영어 교재에 나타난 역할 놀이 비교분석 연구 : 5, 6학년 교재를 중심으로, 대구교육대학교 석사 학위 논문.

윤평현(1989), 국어의 접속어미에 대한 연구, 의미론적 기능을 중심으로, 전남대학교 박사 학위 논문.

윤혜선(2013), 한국어 순차 연결어미 교육방안 연구, '-고', '-아서', '-다가', '-았다가'를 중심으로, 한국외국어대학교 석사 학위 논문.

이 가(2012), 중국어권 학습자를 위한 한국어 인과관계 연결어미 연구, - '-어서'와 '-니까'를 중심으로, 동국대학교 석사 학위 논문.

이관규(2001), 학교 문법 교육에 있어서 탐구 학습의 효율성과 한계점에 대한 실증적 연구, 국어교육 106, 한국어교육학회.

李文君(2011), 중국인 학습자를 위한 한국어 연결어미 교육 방안 연구, 한성대학교 석사 학위 논문.

이문용(2010), 한중 조건문의 대조 연구, 한양대학교 석사 학위 논문.

이미정(2012), 한국어 목적 연결어미의 나선형 교육방안 연구, 부산대학교 석사 학위 논문.

이상억(1997), 외국인용 한국어 교재에 포함된 문법 사항의 비교 평가, 한국어교육 9-2, 국제한국어교육학회.

이상태((1988), 국어 접속어미 연구, 계명대학교 박사 학위 논문.

이수연(2011), 한국어 문법교육에서의 연결어미 연구, -시간 표현 연결어미를 중심으로-, 연세대학교 석사 학위 논문.

이수진(2014), 한국어 인과관계 연결표현 교육 방안 연구, -초급 학습자를 대상으로, 건국대학교 석사 학위 논문.

이순정(2009), 한국어 조건 표현 연결 어미 교육 방안 연구, 경희대학교 교육대학원 석사 학위 논문.

이승민(1998), 시청각 교수법을 적용한 초등학교 영어 교수 방법에 관한 연구, 한국교원대학교 석사 학위 논문.

이시형(1991), 한국어의 연결어미 '-어', '-고'에 관한 연구, 서강대학교 박사 학위 논문.

이약진(2013), 한・중 양보관계 연결어미 대조연구, '-아도', '-더라도', '-ㄹ지라도'를 중심으로, 동국대학교 석사 학위 논문.

이영주(2008), 한국어의 조건 표현 연결어미 '-면, -거든, -어야' 연구, 한국외국어대학교 석사 학위 논문.

이운혜(2011), 외국인을 위한 한국어 연결어미 '-아서'와 '-니까'의 나선형 교육방안 연구, 세종대학교 석사 학위 논문.

이 윤(2014), 한국어 연결어미 '-(으)ㄴ데/는데'의 나선형 교수 방안, - '-을 텐데', '-던데'를 중심으로, 경희대학교 교육대학원 석사 학위 논문.

이윤진(2002), 한국어 학습자의 연결어미 사용 연구, 이화여자대학교 교육대학원 석사 학위 논문.

이은경(1990), 국어의 접속어미 연구, 서울대학교 석사 학원 논문.

이은경(1996), 국어 연결어미 연구, 서울대학교 박사 학위 논문.

이은경(1999), 구어체 텍스트에서의 한국어 연결어미의 기능, 국어학 34, 167~198쪽.

이재경(2002), 한국어 학습자의 연결 어미 오류 분석과 지도 방안, 고려대학교 교육대학원 석사 학위 논문.

이정란(2003), 한국어 학습자 언어에 나타난 '-어서'와 '-니까'의 변이 연구, 이화여자대학교 석사 학위 논문.

이정희(2002), 초급 단계 한국어 학습자의 조사 및 연결어미 오류, 어원연구 5, 169~188쪽.

이정희(2002), 한국어 학습자의 표현 오류 연구, 경희대학교 대학원 박사 학위 논문.

이정희(2011), 외국인의 한국어 구어 발화에 나타난 연결어미 사용 양상 연구, 결혼이민자와 외국인 유학생의 비교를 중심으로, 이중언어학 45, 189~207

쪽.
이종은(1997), 의사소통과 인지 중심의 한국어 문법 교수, 한국어교육 9-2, 국제한국어교육학회.
이주행(1988), 主語의 人稱을 제약하는 語尾에 대한 考察, 유목상 박사 화갑 기념 논총.
이주행(1989), 國語 語尾의 意味, 제효 이용주 박사 회갑 기념 논문집, 한샘출판사.
이주행(2003), 교사의 질문과 응답 화법, 화법연구 5, 한국화법학회, 245~262쪽.
이주행(2003), 한국어 대우법 교육, 국제한국어교육학회 국제학술대회 논문집, 141~155쪽.
이주행(2004), 남한과 북한의 규범문법 비교 연구, 국어교육 113, 한국어교육학회, 589~628쪽.
이주행(2005), 한국인과 중국 조선족의 문법 실현 양상, 한국어교육 16-2, 국제한국어교육학회, 247~278쪽.
이주행(2008), 한국어와 중국 조선어 학교문법 비교 연구, 국어교육 125, 한국어교육학회, 371~416쪽.
이주행(2009), 한국어 문장의 구성 양상의 통시적 고찰, (중국 북경 소재) 중앙민족대학 국제학술대회 논문집, 민족출판사, 43~57쪽.
이준호(2010), 한국어 유의 문법 교육을 위한 TTT 모형의 활용 방안-추측 표현 '-는 같다', '-나 보다', '-는 모양이다'를 중심으로, 한국문법교육학회 제13차, 171~183쪽.
이지영(1998), 한국어 연결어미의 교수 모형, 한국어교육 9-2, 국제한국어교육학회, 161~177쪽.
이진화(2003), 국어 조건 연결어미 연구, '-면, -어야, -거든'의 의미를 중심으로, 경희대학교 석사 학위 논문.
이현주(2005), 외국어로서의 한국어 연결어미 교육 연구, 강원대학교 교육대학원 석사 학위 논문.
이혜영(1998), 문법 교수 원리와 실제, 이중언어학 제15호, 이중언어학회.
이효정(2001), 한국어 학습자 담화에 나타난 연결어미 연구, 한국어교육 12-1,

국제한국어교육학회, 233~252쪽.

이효정(2011), 한국어 인과 표현 교육 내용 연구, 가톨릭대학교 석사 학위 논문.

임은하(2002), 현대국어의 인과관계 접속어미 연구, 서울여자대학교 박사 학위 논문.

임지숙(2009), 한국어 학습자의 연결어미 '-아서/어서'에 대한 오류 연구: 중국인 학습자를 중심으로, 청주대학교 일반대학원 석사 학위 논문.

임지아(2010), 한국어 교육을 위한 연결어미 연구, 동아대학교 박사 학위 논문.

임채훈(2007), 국어 문장 의미 연구, 사건과 발화상황을 중심으로, 경희대학교 박사 학위 논문.

임태운(2009), 한국어 학습자의 인과관계 연결 표현 교육 방안, 전남대학교 대학원 석사 학위 논문.

장경희(1995), 국어 접속 어미의 의미 구조, 한글 제227호, 한글학회.

張雯靜(2013), 한국어 연결어미와 중국어 관련사어의 대조 연구, 호서대학교 석사 학위 논문.

장 상(2005), 중국인 학습자를 위한 한국어 연결어미 연구: 시간, 인과 연결어미를 중심으로, 경희대학교 석사 학위 논문.

장요한(2009), 한국어 교육을 위한 양보 연결어미의 연구, '-아도', '-더 라도', '-고도', '-은들'을 중심으로, 새국어교육 81, 483~503쪽.

장지현(2013), 한국어 목적 연결어미를 위한 교육 방안 연구, 충남대학교 석사 학위 논문.

장 한(2014), 한국어 시간관계 연결어미와 중국어 시간관계 관련사어의 대조 연구, 경희대학교 석사 학위 논문.

장효우(2007), 한・중 '의도표현'의 대조 연구, 신라대학교 석사 학위 논문.

장희진(2008), 형태 초점 문법 교육의 현장 적용 실태, 한양대학교 석사 학위 논문.

翟瑋琪(2005), 중국인 학습자들의 한국어 작문에 나타나는 오류 분석 연구, 강남대학교 대학원 석사 학위 논문.

전병남(1999), 日・韓語 連結語尾 對照硏究, 한양대학교 일어일문학과 박사 학위 논문.

전영미(1998), 接續語尾 '-다가'에 대한 연구, 한국외국어대학교 교육대학원 석사 학위 논문.
전인숙(2014), 나선형 교육과정을 활용한 이유·원인 연결어미 교육 방안 연구, - '-아서, -(으)니까, -(으)므로, -느라고'를 중심으로, 충북대학교 석사 학위 논문.
전혜영(1989), 현대 한국어 접속어미의 화용론적 연구, 이화여자대학교 박사 학위 논문.
程 誠(2012), 중국인 학습자를 위한 한국어 조건 연결어미의 교육방안 연구, 黄皙暎의 『오래된 정원』 원본 및 중역본을 활용하여, 중앙대학교 석사 학위 논문.
정상수(2007), 청각장애 학생의 한국어 연결어미 활용 능력 분석 및 교수 방안 연구, 경희대학교 교육대학원 석사 학위 논문.
정연희(2001), 한국어 연결어미의 문법화, 한국외국어대학교 박사 학위 논문.
정윤정(2014), 형태 초점 의사소통 접근 방법을 활용한 연결어미 '-느라고' 수업 효과 연구, '입력 강화'와 '의식 고양 과제'를 중심으로, 이화여자대학교 석사 학위 논문.
정은경(2009), '-어서'와 '-니까'의 효과적인 지도 방안, 창원대학교 석사 학위 논문.
정희정(1990), 연결어미 '-고', '-아서'에 대하여, 연세어문학 Vol.22, 연세대학교 국어국문학과, 101~124쪽.
정희정(1996), 연결어미 '-더니'의 의미와 통사 기능 및 제약, 한국외국어대학교 교육대학원 석사 학위 논문.
조무숙(2009), 한국어 학습자를 위한 통합적 연결어미 교육, 건양대학교 석사 학위 논문.
조재성(2004), 연결어미 지도에 관한 연구, 중학생을 대상으로, 경상대학교 교육대학원 석사 학위 논문.
종염염(2007), 중국인 학습자를 위한 인과 구문 교육방안 연구, 한남대학교 석사 학위 논문.
주 서(2012), 한국어 조건 연결어미와 중국어 대응표현의 대비 연구, 건국대학교 석사 학위 논문.
지아씨아오(2012), 중국인 한국어 학습자를 통한 인과관계 연결어미 연구, 청주대학교 석사 학위 논문.
陳 琳(2012), 한국어 연결어미의 교육 방안에 관한 연구, 한국어 조건 표현 연결어미를 중심으로, 중앙대학교 석사 학위 논문.
진평자(2014), 중국인 학습자를 위한 한국어 시간관계 연결어미 교육 방안 연구, 충남대학교 석사 학위 논문.
蔡連康(1985), 現代韓國語 連結語尾에 대한 硏究, 意味機能을 中心으로, 성균관대학교 박사 학위 논문.
초아매(2011), 한·중 조건 연결 표현 대비 연구, 충남대학교 석사 학위 논문.
CongNi(2012), 중국인 한국어 학습자의 양보관계 연결어미 습득 양상 연구, '-아/어도'와 '-ㄴ들'을 중심으로, 이화여자대학교 석사 학위 논문.
최금자(2011), 한·중 양보 표현에 대한 대비 연구, 충남대학교 석사 학위 논문.
최문석(2004), 의미 중심의 연결어미 교육 방안 연구: '-기에(는)'을 중심으로, 한국어교육 15-1, 국제한국어교육학회, 189~208쪽.
최상진 임채훈(2008), 인과관계 형성의 인지과정과 연결어미의 상관성, '-어서', '-니까', '-면' 등을 중심으로, 국어학 127~152쪽.
최소영(2007), 형태 초점 의사소통 접근방법을 통한 문법 학습이 초등영어 습득에 미치는 영향, 아주대학교 석사 학위 논문.
최영빈(2012), 한국어 학습자를 위한 동시·연발 연결어미 교육 방안 연구, 부산대학교 석사 학위 논문.
최예리(2012), 한국어의 조건 연결어미 교육 방안 연구, - '-면, -거든, -어야'를 중심으로, 동덕여자대학교 석사 학위 논문
최우영(1997), 외국어로서의 한국어 학습자의 오류에 대한 연구: 작문에 나타난 오류를 중심으로, 이화여자대학교 석사 학위 논문.
최은미(2013), 인과관계 연결어미 '-어서'와 '-니까'의 교수·학습 방안 연구, 한성대학교 석사 학위 논문.
최정진(2004), 연결어미 '-어다가'와 '-어다'에 대한 연구, 서울대학교 석사 학위 논문.
최주희(2013), 한국어 교육을 위한 '-는데'의 핵심 기능과 사용상의 제약 고찰, 영주어문 25, 영주어문학회, 133~163쪽.
최지희(2010), 한국어 교육을 위한 목적 표현 연결어미 연구, 동덕여자대학교 석

사 학위 논문.

하정문(2007), 한국어 조건 연결어미와 중국어 조건 관련사어의 대조 연구, 경희대학교 석사 학위 논문.

한송화(2009), 외국어로서의 한국어 교육에서의 문법 교육 방법론, 문법교육 10, 한국문법교육학회.

한예진(2010), 한국어 학습자를 위한 목적 연결어미 교육 방안 연구, 한양대학교 석사 학위 논문.

胡叢叢(2012), 한국어 인과관계 연결어미 교육 방안 연구, 중앙대학교 석사 학위 논문.

홍성일(2003), 형태 초점 의사소통 교수법을 통한 문법 교육, 동의대학교 석사 학위 논문.

황영미(2012), 중국인 학습자를 위한 연결어미 교육 방안 연구, -초급 단계 학습자를 중심으로-, 군산대학교 석사 학위 논문.

Byrd, Patrica(2005), Instructed Grammar, Eli Hinkel eds. *Handbook of Research in Second Language Teaching and Leaning*, Lawrence Erlbaum Associates, pp.545-561.

Long Michael H.(1991), Focus on form: A design feature in language teaching methology, K. de Bot, R. Ginsberg & C. Kramsch eds. *Foreign language research in cross-cultural perspective*, Amsterdam: John Benjamins, pp.39-52.

Long, M. & Robinson, P(1998), Focus on Form : Theory, Research, and Practice. in Doughty & Williams(eds.), *Focus on Form in Classroom Second Language Aquisition*, Cambridge University Press, pp.15-41.

Smith. Angela Lee.(2006), '어휘적 접근법을 통한 한국어 교육 방안', 한국어 교육 17-1, 국제한국어교육학회.

Tran Chau Thuy(2010), 베트남인 한국어 초급 학습자를 위한 연결어미 교수법 연구, 영남대학교 석사 학위 논문.

2. 단행본

강승혜 외(2006), 한국어 평가론, 태학사.

교육인적자원부(2005), 고등학교문법, 서울대학교 국어교육연구소.

국립국어연구원(2002), 한국어표준문법(시안), 국립국어연구원.

국립국어원(2005), 외국인을 위한 한국어 문법1, 서울: 커뮤니케이션북스.

권재일(2014), 한국어 문법론, 태학사.

김종록(2008), 외국인을 위한 표준 한국어 문법, 박이정.

김진환(1966), 교회와 시청각교육, 서울 대한기독교교육협회.

남기심(1994), 국어 연결어미의 쓰임, 서광학술자료사.

남기심・이상억・홍재성(1999), 외국인을 위한 한국어 교육의 방법과 실제, 방송통신대출판부.

남성우 외(2006), 언어교수이론과 한국어교육, 한국문화사.

박영순(1998), 한국어 문법교육론, 박이정.

박영순(2001), 외국어로서의 한국어교육론, 월인.

배두본(1997), 초등학교 영어 교육, -이론과 적용-, 한국문화사.

백봉자(1988), 초기 단계에서의 한국어 교육은 무엇부터 다루는 것이 좋은가, 한글 201・202 합본.

백봉자(1999), 외국어로서의 한국어 문법 사전, 연세대 출판부.

석주연(2008), 한국어 교사와 한국어 교육, 박이정.

윤평현(2005), 현대국 접속어미 연구, 박이정.

이은경(2000), 국어의 연결 어미 연구, 태학사.

이익섭(2007), 한국어 문법, 서울대학교출판부.

이익섭・임홍빈(1983), 국어문법론, 학연사.

이익섭・채완(1999), 국어문법론 강의, 학연사.

이주행(2006), 한국어 문법, 월인출판사.

이주행(2009), 한국어 의존명사 연구, 한국문화사.

이주행(2013), 알기 쉬운 한국어 문법론, 역락출판사.

이희자・이종희(2010), 어미・조사 사전, 한국문화사.

임호빈(2010), 외국인을 위한 한국어 문법(최신개정판), 연세대학교출판부.
임홍빈・장소원(1995), 국어문법론 1, 한국방송대학교 출판부.
장광군(1999), 한국어 연결 어미의 표현론, 월인.
최길시(1999), 외국인을 위한 한국어 교육의 실제, 태학사.
최현배(1975), 우리말본, 정음사.
최현배(1959), 우리말본, 정음사.
허용 외(2014), 외국어로서의 한국어교육학 개론, 박이정.
허 웅(1995), 국어학, 샘문화사.
Thornbury. S.(1999), *How to Teach Grammar*, Longman.
William Littlewood(1981), *Communicative Language Teaching*, Cambridge University Press. 안미란 역(2007), 의사소통적 교수법, 한국문화사.
Yasuhiro Shirai(2004), *Who succeeds and who fails in foreign language learning: An invitation to second language acquisition studies*. 윤희정 역(2007), 외국어 학습에 성공하는 사람과 실패하는 사람, 제2 언어 습득론으로의 초대, 한국문화사.

3. 자료

〈국어 읽기 교과서〉

현행 초등학교 1~6학년 국어 읽기 교과서(12권), 교육과학기술부.

〈한국어 교재〉

경희대학교 국제교육원(2007~2009), 한국어 초급~고급, 경희대학교 출판부.
서강대학교 한국어교육원(2006~2009), 서강한국어 1A-5B, 서강대학교 국제문화교육원 출판부.
서울대학교 언어교육원(2000), 한국어 1-4, 문진미디어.
연세대학교 한국어학당(2007~2008), 연세 한국어 1-6, 연세대학교 출판부.
이화여자대학교 언어교육원(1998~2006), 말이 트이는 한국어 Ⅰ-Ⅴ, 이화여자대학교 출판부.

부록

〈부록 1-1〉 '-아도/-어도/-여도/-라도'의 사전 평가 문제

Ⅰ. 다음 사항에 대해 답해 주세요. 해당 사항의 ( ) 속에 V표를 해 주세요. 해당 사항이 없으면 '기타'란의 ( ) 속에 써 주면 고맙겠습니다.

1. 성별: ① 여성( ) ② 남성( )
2. 연령: ① 20대 미만( ) ② 20~29세( ) ③ 30~39세( ) ④기타 ( )
3. 국적: ① 중국( ) ② 기타 ( )
4. TOPIK 등급:
   ① 2급( ) ② 3급( ) ③ 4급( ) ④ 5급( ) ⑤ 6급( )
5. 한국어 학습 기간:
   ① 3~6개월( ) ② 6개월 이상~1년 미만( )
   ③ 1년 이상~2년 미만( ) ④ 2년 이상 ~3년 미만( )
   ⑤ 3년 이상( )

Ⅱ. 다음 각 문장의 ( )에 들어갈, 알맞은 단어의 번호를 ( ) 속에 써 주세요.(30점)

1. 눈이 ( ) 등산을 할 것입니다.
   ① 내리면 ② 내려서 ③ 내려도 ④ 내리고

2. 내일 바람이 세게 ( ) 운동회를 할까요?
   ① 불어도 ② 불면 ③ 불지만 ④ 불어서

3. 아무리 밥을 ( ) 배가 부르지 않아요.

① 먹고 ② 먹으니 ③ 먹는데 ④ 먹어도

4. 보석은 세월이 ( ) 그 빛을 잃지 않아요.
① 흐르면 ② 흐르니까 ③ 흘러도 ④ 흘러서

5. 여기에서 담배를 ( ) 괜찮아요?
① 피우는데 ② 피워도 ③ 피우고 ④ 피우려면

6. 나는 그가 미남이 ( ) 그와 결혼할 거야.
① 아니거든 ② 아니고서 ③ 아닐뿐더러 ④ 아니라도

Ⅲ. 다음 각 대화문의 B 문장의 ( ) 속에 쓰인 단어의 어간에 연결어미 '-아도/-어도/-여도/-라도'를 결합해서 아래 대화문을 완성하세요. (40점)

7. A: 거기 여름 날씨는 어때요?
B: 여기는 비가 자주 (**오다**) 바람은 잘 불지 않아요.

8. A: 요즘 너무 바빠서 거의 잠을 못 자요.
B: 그러면 건강에 안 좋아요. 아무리 (**바쁘다**) 잠은 꼭 자야 해요.

9. A: 이번에 시험 잘 봤어요?
B: 아니요, 저는 열심히 (**공부하다**) 성적이 오르지 않아요.

10. A: 의사 아니면 병실에 들어갈 수 없어요? (아니다)
B: 아니요, 지금은 의사가 (**아니다**) 병실에 들어갈 수 있어요.

Ⅳ. 다음 각 문장에서 밑줄 친 단어를 바르게 고쳐 쓰세요.(30점)

11. 그때 결혼해도 행복하지 않았을 거 같아요. (　　　　　)

12. 비가 오겠어도 걱정이 없어요. (　　　　　)

13. 그 사람이 당장 내 곁을 떠났어도 슬퍼하지 않을 거야. (　　　　　)

〈부록 1-2〉 '-(으)ㄴ데/는데'의 사전 평가 문제

Ⅰ. 다음 사항에 대해 답해 주세요. 해당 사항의 ( ) 속에 V표를 해 주세요. 해당 사항이 없으면 '기타'란의 ( ) 속에 써 주시면 고맙겠습니다.

1. 성별: ① 여성( ) ② 남성( )
2. 연령: ① 20대 미만( ) ② 20~29세( ) ③ 30~39세( )
   ④ 기타 ( )
3. 국적: ① 중국( ) ② 기타 ( )
4. TOPIK 등급:
   ① 2급( ) ② 3급( ) ③ 4급( ) ④ 5급( ) ⑤ 6급( )
5. 한국어 학습 기간:
   ① 3~6개월( ) ② 6개월 이상~1년 미만( )
   ③ 1년 이상~2년 미만 ( ) ④ 2년 이상 ~3년 미만 ( )
   ⑤ 3년 이상( )

Ⅱ. 다음 각 문장의 ( )에 들어갈, 알맞은 단어의 번호를 ( ) 속에 써 주세요.(30점)

1. 지금 마트에 ( ) 같이 갈래요?
   ① 가면서 ② 가고 ③ 가는데 ④ 가다가

2. 날씨가 많이 ( ) 커피 한 잔 해요.
   ① 차가워서 ② 차가운데 ③ 차갑지만 ④ 차갑다고

3. 과일 가게에는 여러 가지 신선한 과일이 ( ), 그중에서 복숭아가 눈에

들어왔다.

① 있는데　　② 있어서　　③ 있으니까　　④ 있으면서

Ⅲ. 다음 각 대화문의 B 문장의 ( ) 속에 쓰인 단어의 어간에 연결어미 '-(으)ㄴ데/-는데'를 결합해서 아래 대화문을 완성하세요.(50점)

4. A: 학교에 다니기는 괜찮아요?
B: 네, 학교가 좀 (멀다) 다닐 만해요.

5. A: 어제 아기가 아파서 어떻게 했어요?
B: 네, 아이가 밤새 (울다) 어찌할 수가 없었어요.

6. A: 말레시아 비행기 실종했다는 얘기 들었어요?
B: 네, 저도 이렇게 (슬프다) 유족들은 얼마나 힘들겠어요?

7. A: 요즘도 매우 바빠요?
B: 아니요, 요즘은 휴직해서 시간이 (많다) 어떻게 이용해야 할지 잘 모르겠네요.

8. A: 저 아저씨의 아들은 키가 커요?
B: 저 아저씨의 아들은 3학년(이다) 나만큼 키가 커.

Ⅳ. 다음 각 문장에서 밑줄 친 단어를 바르게 고쳐 쓰세요.(20점)

9. 내일 야유회 <u>가겠는데</u> 비가 올 것 같아요. (　　　　　　)
10.비가 <u>와서</u> 우산이 없어요. (　　　　　　)

〈부록 2-1〉 '-아도/-어도/-여도/-라도'의 사후 평가 문제

Ⅰ. 다음 사항에 대해 답해 주세요. 해당 사항의 ( ) 속에 V표를 해 주세요. 해당 사항이 없으면 '기타'란의 ( ) 속에 써 주시면 고맙겠습니다.

1. 성별: ① 여성( ) ② 남성( )
2. 연령: ① 20대 미만( ) ② 20~29세( ) ③ 30~39세( ) ④기타 ( )
3. 국적: ① 중국( ) ② 기타 ( )
4. TOPIK 등급:
   ① 2급( ) ② 3급( ) ③ 4급( ) ④ 5급( ) ⑤ 6급( )
5. 한국어 학습 기간:
   ① 3~6개월( ) ② 6개월 이상~1년 미만( )
   ③ 1년 이상~2년 미만 ( ) ④ 2년 이상 ~3년 미만 ( )
   ⑤ 3년 이상( )

Ⅱ. 다음 각 문장의 ( )에 들어갈, 알맞은 단어의 번호를 ( ) 속에 써 주세요.(30점)

1. 감기에 ( ) 시험은 봐야 합니다.
   ① 걸려서 ② 걸리면 ③ 걸리는데 ④ 걸려도

2. 내일 날씨가 ( ) 야유회 안 가요?
   ① 좋으면 ② 좋아서 ③ 좋아도 ④ 좋으니까

3. 네가 ( ) 그는 이 일을 꼭 할 거야.

① 말려서 ② 말려도 ③ 말리고 ④ 말리려고

4. 그 사람의 이름만 ( ) 설레고 좋아요.
   ① 들어도 ② 들어서 ③ 듣지만 ④ 듣다가

5. 그는 가난한 사람( ) 사람들에게서 존경을 받고 있다.
   ① 이고 ② 일수록 ③ 이어도 ④ 일뿐더러

6. 시간이 ( ) 너무 일러요.
   ① 이르니 ② 일러도 ③ 이르면 ④ 이르면서

Ⅲ. 다음 각 대화문의 B 문장의 ( ) 속에 쓰인 단어의 어간에 연결어미 '-아도/-어도/-여도/-라도'를 결합해서 아래 대화문을 완성하세요.(40점)

7. A: 요즘도 계속 담배를 피워요?
   B: 네, 건강에 (나쁘다) 담배만큼은 못 끊겠네요.

8. A: 저는 고기를 싫어해요.
   B: 고기가 (싫다) 야채와 함께 고기도 먹어야 해요.

9. A: 그 사람에게서 기다리던 편지를 받았어요?
   B: 아니요, 기다리고 또 (기다리다) 소식이 없네요.

10. A: 열심히 공부하면 성적이 향상될 거야.
    B: 나는 열심히 (공부하다) 성적이 향상되지 않아.

Ⅳ. 다음 각 문장에서 밑줄 친 단어를 바르게 고쳐 쓰세요.(30점)

11. 그 일은 생각만 <u>했어도</u> 무서워요. (　　　　)
12. 그 옷이 아무리 <u>비싸겠어도</u> 사러 갈 거죠? (　　　　)
13. 나는 앞으로 힘든 일이 <u>닥치었어도</u> 그 일을 극복할 거야.(　　　　)

〈부록 2-2〉 '-(으)ㄴ데/-는데'의 사후 평가 문제

Ⅰ. 다음 사항에 대해 답해 주세요. 해당 사항의 ( ) 속에 V표를 해 주세요. 해당 사항이 없으면 '기타'란의 ( ) 속에 써 주시면 고맙겠습니다.

1. 성별: ① 여성( ) ② 남성( )
2. 연령: ① 20대 미만( ) ② 20~29세( ) ③ 30~39세( )
   ④ 기타 ( )
3. 국적: ① 중국( ) ② 기타 ( )
4. TOPIK 등급:
   ① 2급( ) ② 3급( ) ③ 4급( ) ④ 5급( ) ⑤ 6급( )
5. 한국어 학습 기간:
   ① 3~6개월( ) ② 6개월 이상~1년 미만( )
   ③ 1년 이상~2년 미만 ( ) ④ 2년 이상 ~3년 미만 ( )
   ⑤ 3년 이상( )

Ⅱ. 다음 각 문장의 ( )에 들어갈, 알맞은 단어의 번호를 ( ) 속에 써 주세요.(30점)

1. 목이 ( ) 근처에 샘이 없나요?
   ① 말라서 ② 마른데 ③ 마르면 ④ 말라도

2. 잠을 ( ) 지진으로 집이 움직였다.
   ① 자는데 ② 자면서 ③ 자도 ④ 자고

3. 영화가 아주 ( ) 같이 보실래요?

① 재미있어서 ② 재미있는데 ③ 재미있더라도 ④ 재미있도록

Ⅲ. 다음 각 대화문의 A나 B 문장의 ( ) 속에 쓰인 단어의 어간에 연결어미 '-(으)ㄴ데/-는데'를 결합해서 아래 대화문을 완성하세요(50점)

4. A: 소개받은 친구는 어땠어요?
   B: 키가 좀 (작다) 매우 예뻐 보였어요.

5. A: 요즘 장사는 잘 돼요?
   B: 네, 매일 비슷하게 (팔리다) 먹고 살 만해요.

6. A: 참 (예쁘다) 정말 남자 친구가 없어요?
   B: 네, 정말이에요.

7. A: 주말에 여행을 가려고 (하다) 어디로 가면 좋을까요?
   B: 단풍이 아름다운 곳으로 가세요.

8. A: 경주의 옛 이름은 뭐예요?
   B: 서라벌(이다) 서라벌이 바로 서울이라는 뜻이란다.

Ⅳ. 다음 각 문장에서 밑줄 친 단어를 바르게 고쳐 쓰세요.(20점)

9. 다음 주에 등산을 <u>가겠는데</u> 많은 비가 내릴 것 같아요. (   )
10. 지금 친구들이 너를 <u>기다렸는데</u> 빨리 와. (   )

〈부록 3〉 실험 연구에 관한 설문

안녕하십니까?
바쁘신 가운데 설문에 성실히 응해 주셔서 감사합니다.
이 설문 조사의 목적은 중국인 학습자를 대상으로 한 실험 연구의 유효성을 검증하기 위한 데에 있습니다. 여러분의 성실한 응답은 이 연구에 귀한 자료로 활용될 것이며, 연구 이외의 다른 목적으로는 사용되지 않을 것임을 약속드립니다. 소중한 시간을 내어 주심에 다시 한 번 진심으로 감사드립니다.

◐ 다음 사항에 대해 답해 주세요. 해당 사항의 ( ) 속에 V표를 해 주세요. 해당 사항이 없으면 '기타'란의 ( ) 속에 써 주시면 고맙겠습니다.

1. 성별: ① 여성 ( ) ② 남성( )
2. 연령: ① 20대 미만( ) ② 20~29세( ) ③ 30~39세( ) ④ 기타 ( )
3. 국적: ① 중국( ) ② 기타 ( )
4. TOPIK 등급:
① 2급( ) ② 3급( ) ③ 4급( ) ④ 5급( ) ⑤ 6급( )
5. 한국어 학습 기간:
① 3~6개월( ) ② 6개월 이상~1년 미만( )
③ 1년 이상~2년 미만( ) ④ 2년 이상 ~3년 미만( )
⑤ 3년 이상( )

1. 지금까지 어떤 방식으로 한국어 문법 수업을 받았습니까?( )
   ① 교사의 설명을 듣고 연습을 많이 하였다.
   ② 어려운 문법은 교사가 중국어로 설명해 주었다.
   ③ 동영상이나 노래 같은 시청각 자료를 활용하였다.
   ④ 조를 나누어서 역할극을 통해 학습하였다.
   ⑤ 회화 위주로 하고 문법은 자세히 공부하지 않았다.

2. 절충식 교수법을 활용한 수업이 흥미로웠습니까? ( )
   ① 매우 흥미로웠다.
   ② 약간 흥미로웠다.
   ③ 보통이었다.
   ④ 약간 흥미롭지 않았다.
   ⑤ 매우 흥미롭지 않았다.

3. 절충식 교수법을 활용한 문법 수업이 예전에 들었던 문법 수업 비해 효과적이라고 생각합니까?
   ① 매우 그렇다.
   ② 그렇다.
   ③ 보통이다.
   ④ 별로 그렇지 않다.
   ⑤ 전혀 그렇지 않다.

4. 앞으로 절충식 교수법을 활용한 문법 수업을 계속 받고 싶습니까?
   ① 매우 그렇다.
   ② 그렇다.
   ③ 보통이다.
   ④ 별로 그렇지 않다.
   ⑤ 전혀 그렇지 않다.

찾아보기

ㄱ

ㄴ

ㄷ

ㄹ

ㅁ

ㅂ

ㅅ

ㅇ

저자 손경애는
중앙대학교에서 중국인 학습자를 위한 발음 교육을 주제로 석사학위를 받고,
동 대학원에서 연결어미 교육이란 주제로 박사학위를 받았다.
안양대학교와 평택대학교에서 외국인을 위한 한국어 강의를 하였고,
현재 호남대학교 한국어학과에서 조교수로 재직 중이다.
주요 논문으로는
"중국어권 학습자를 위한 한국어 단모음 발음 교육 방안",
"연결어미 '-아도/-어도/-여도'의 의미 분석에 관한 연구",
"한국어교육용 관용 표현 제시 방안",
"이주민의 사회통합을 위한 한국 문화 교육 방법 연구" 등이 있다.

신구한국어교육연구총서 02

연결어미와 연결어미교육

초판 1쇄 발행 2016년 12월 28일

지은이 손경애
펴낸이 김정일
펴낸곳 신구문화사

등록 1968. 6. 10. 제1-205호
주소 경기도 성남시 중원구 광명로 377, 1층(금광동, 우촌학사)
전화 031-741-3055~6
팩스 031-741-3054
이메일 shingupub@naver.com
홈페이지 www.shingubook.com

ISBN 978-89-7668-223-9 93700

* 지은이와 협의에 따라 인지는 생략합니다.
* 값은 뒤표지에 있습니다.